“大运河人物故事”丛书

丛书主编 张廷皓

明代漕运制度开创者

陈瑄

吴士勇 著

南京出版传媒集团 南京出版社

图书在版编目（CIP）数据

明代漕运制度开创者——陈瑄 / 吴士勇著. -- 南京:
南京出版社, 2022.1

（“大运河人物故事”丛书）

ISBN 978-7-5533-3405-9

Ⅰ. ①明… Ⅱ. ①吴… Ⅲ. ①陈瑄 - 生平事迹 Ⅳ.
①K826.1

中国版本图书馆CIP数据核字（2021）第177007号

丛 书 名 大运河人物故事
丛书主编 张廷皓
书　　名 明代漕运制度开创者——陈瑄
作　　者 吴士勇
出版发行 南京出版传媒集团
南 京 出 版 社

社址：南京市太平门街53号　　邮编：210016
网址：http://www.njcbs.cn　　电子信箱：njcbs1988@163.com
联系电话：025-83283893、83283864（营销）　025-83112257（编务）

出 版 人 项晓宁
出 品 人 卢海鸣
责任编辑 杨传兵
装帧设计 王　俊　张　淼
责任印制 杨福彬

制　　版 南京新华丰制版有限公司
印　　刷 江苏扬中印刷有限公司
开　　本 787毫米×1092毫米　1/32
印　　张 3.875
字　　数 60千
版　　次 2022年1月第1版
印　　次 2022年1月第1次印刷
书　　号 ISBN 978-7-5533-3405-9
定　　价 15.00元

用微信或京东
APP扫码购书

用淘宝APP
扫码购书

编委会

总　序

大运河是中国人民的伟大创造。这条始建于公元前486年的人工水道，作为中国历史上贯穿南北的大动脉，集漕粮运输、商旅交通、军资调配、水利灌溉等功能于一身，不但加强了全国各地区间的政治、经济联系和文化交流，维护了多民族大一统国家的稳定和发展，而且使北方的丝绸之路和南方的海上丝绸之路在古老大陆的东方形成了闭环，因而具有世界意义。时至今日，大运河沿岸遍布城镇、码头、仓库、船闸、桥梁、堤坝等各类遗存，构成了中国乃至世界范围内罕见的线性文化带，并成功地在2014年6月22日第38届世界遗产大会上入选《世界遗产名录》。2017年6月，习近平总书记对建设大运河文化带作出重要指示，指出“大运河是祖先留给我们的宝贵遗产，是流动的文化，要统筹保护好、传承好、利用好”。2019年2月，中共中央办公厅、国务院办公厅联合印发《大运河文化保护传承利用规划纲要》，就进一步保护好、传承好、利用好大运河沿线的丰富文化遗产提出了明确要求。

回顾大运河萌芽、发展和演变的过程，诸如国家政策、政治形势、军事需要、地理环境等，虽然也都会对其历史变迁产生一定程度的影响，但从根本上来看，“人”的作用往往显得更为重要。千百年来，大运河的规划者、开凿者、建设者、管理者、治理者，以及其他与大运河有关的各类人物，凭借着不拘一格的思考方式、与时俱进的思维理念、突破常规的制度创新、因地制宜的技术方法革新，比较圆满地解决了大运河形成过程中所遇到的自然、运输和管理等一系列问题，实现了大运河从地区性到整体性、临时性到制度性、零散性到系统性的质变。这些大运河历史上涌现出的杰出人物，作为创造、改变和塑造大运河的主体和关键，其思想观念中闪烁着的智慧光芒，和一言一行中表现出的担当作为，不仅是大运河历史上无比珍贵的宝藏，同时也是彰显和传播中华民族灿烂文明的重要文化遗产，值得我们进一步挖掘和弘扬。

与蔚为大观的河道变迁、漕运制度、城镇商业、文化风俗等成果相比，有关大运河人物的研究相对薄弱。为了展现大运河深厚而丰富的文化内涵，传承和弘扬中华优秀传统文化，南京出版传媒集团（南京出版社）决定推出一套“大运河人物故事”丛书。这套面向广大青少年读者的普及性读物，精选历代与大运河有关的著名人物，时间上从春秋战国直至民国时期，空间上则覆盖隋唐大运河、京杭大运河和浙东运河。每册均邀请学有专长的作者撰写，力图在准确把握史实的基础上，用生动活泼的语言文字，引人入胜的故事情节，丰富多彩的知识拓展，刻画每一位大运河人物的主要经历，涉及凿河规划、水利建设、漕运管理、治运思想与实践、研究著述以及后世影响等，在折射大运河变迁轨迹的同时，充分展现出这些人物与大运河的密切关系，以及对大运河的变迁所发挥的作用。

青少年是国家的未来和民族的希望，肩负着实现中华民族伟大复兴、建设社会主义现代化强国的历史重任。近年来，南京出版传媒集团（南京出版社）先后推出了“抵御外侮——中华英豪传奇”“抗战十四年·中华儿女传奇”等多套青少年读物，在培养青少年爱国主义精神、培育和践行社会主义核心价值观等方面，起到了十分积极的作用。衷心希望“大运河人物故事”丛书能成为广大青少年认识和了解大运河历史文化的良师益友，在深化他们对大运河文化内涵认知的同时，展现中华民族的聪明才智和中华文明的灿烂辉煌，为他们的健康成长树立文化自信，使之成为将来建设国家的栋梁之材。

张廷皓

（作者系中国文物学会大运河专业委员会主任委员、中国文化遗产研究院原院长）

目　录

引 言

陈瑄（1365—1433），字彦纯，出生在今天安徽合肥的一个武将家庭，后来因军功慢慢发迹，受到明成祖朱棣的赏识而主持治河和漕运要务。明初的漕运任务是把南方的粮食和物资运往北方前线，由于元末山东大运河淤塞，不能通航，因而，最初大都是沿着东部海岸线的海上漕运。海运有风险，于是政府决定花大力气整治运河，改行内河漕运。在这一历史过程中，首任漕运总兵官陈瑄完成了从武将到治河专家、漕运元勋的华丽转身。可以说，陈瑄既是骁勇善战的武将、服侍五代君王的勋臣，又是杰出的水利学家和明代漕运制度的开创者。

陈瑄故去后，朝廷追封他为平江侯，赠太保，谥“恭襄”，并在运河沿线主要城市为他设祠堂，供奉他的神像和牌位，每年派官员主持祭祀大典。他生前尊贵，死后哀荣，子孙袭爵，甚至清朝建立后仍然对其祭祀有加，可谓一代人臣之极。时至今日，在中国运河之都江苏淮安的一处主要旅游景点——里运河文化长廊中，还建有陈潘二公祠，纪念明代两位治河名家陈瑄和潘季驯；除此之外，陈瑄的塑像还呈放在淮安的其他几处公园中。陈瑄对淮安城经营良久、功勋极大，淮安人民也世代铭记着他的恩德。

那么，陈瑄精彩跌宕的人生篇章，是如何一步一步地展开的呢？尤其是靖难之役的历史重要关头，陈瑄是如何冒着众人的非议，毅然决定迎降燕王，最终成就丰功伟业的呢？在整治大运河与整顿漕运事务的过程中，武将出身的陈瑄是如何一边学习，一边实践，最终成了行家里手的？且看本书一一道来。

第一章　煊赫武将

陈瑄走入历史视野首先是以武将的身份，他袭父之职，不断以军功和民政才能升迁，在靖难之役中反戈一击，成为燕王夺取江山的功臣。

家世背景

陈瑄出生于元代的至正二十五年（1365）。这一年，元朝内部纷争不已，神州大地征战频仍。元朝统治集团的矛盾主要表现为太子爱猷识理打腊和大将孛罗帖木儿之争。当年三月，太子在山西太原下令讨伐孛罗帖木儿。孛罗帖木儿，又叫孛罗铁木儿，其始祖孛罗带，元太祖宿卫，后跟随太宗伐金有功，家族世袭蒙古万户，历代均有战功，其

陈瑄

高祖父纽磷、父亲答失八都鲁均为知名将领。孛罗帖木儿跟随其父南北征战，屡立军功，父亲死后他袭职领军。此后，孛罗帖木儿卷入元顺帝和太子的宫廷内斗中。元末两大名将中，孛罗帖木儿属于皇权派，而扩廓帖木儿（王保保）则站在太子一边。至正二十五年七月，孛罗帖木儿入宫走到延春阁李树下时，被太子部下乱刀砍死，一代战将死在宫廷内斗的阴谋之下，殊为可惜！朝廷内部的纷争，加速了元朝灭亡的步伐。

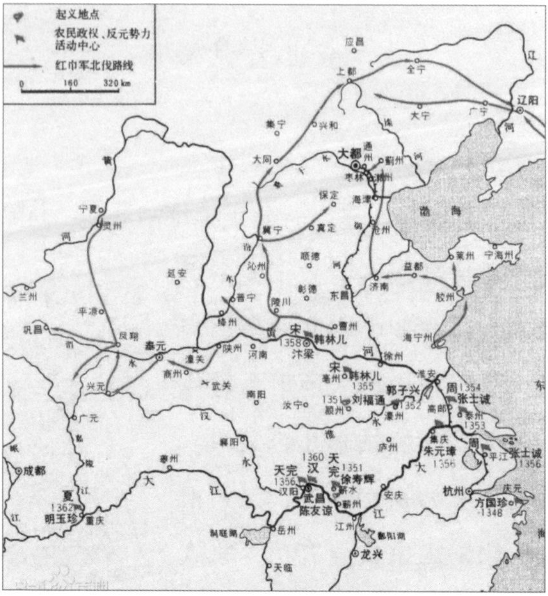

元末农民战争形势图

小贴士：元末农民起义

又称元末农民战争、元末红巾军起义，是元朝末年爆发的一次农民阶级的反封建斗争。由于元朝朝廷腐败，大批蒙古贵族抢占土地，苛捐杂税名目繁多，国势日趋疲弱，加之连年灾荒，走投无路的贫苦农民在北方白莲教首领韩山童及其教友刘福通的号令下，纷纷揭竿而起。他们头裹红巾，打出“虎贲三千，直抵幽燕之地；龙飞九五，重开大宋之天”的旗帜，向官僚地主发动了猛烈攻击，对元朝的统治产生了巨大的冲击，最终致使元朝在中原的统治土崩瓦解。

也是这一年，元末农民起义的主力已经失败，刘福通战死，以应天（今南京）为根据地的吴王朱元璋不断扩张自己的领地。他首先把兵锋转向苏州张士诚，采取“剪其肘翼”的军事部署，派将士攻打被张士诚控制的高邮、淮安等地；一面又东向湖州、嘉兴和杭州，歼灭张士诚军的主力，然后进围苏州。到了至正二十七年（1367年，吴元年）九月，苏州城破，张士诚被俘自缢而死，三吴平定，据守庆元、温州、台州一带的方国珍也遣使归降。同年，朱元璋又分别派将士攻取广东、福建，占据了东南半壁江山。这一年，朱元璋37岁。

在如此风雨如晦的历史背景下，陈瑄呱呱落地。年幼的陈瑄应当还不能体会“家”与“国”的含义，感受不到元朝后期的腐朽统治和严重的社会危机。2003年，南京江宁区出土了陈瑄后人的四方墓志，综合考察可知，陈瑄家族“世居庐之合肥”。在陈瑄儿子陈佐的墓志中，有“曾大父讳宗政，大父讳闻，父讳瑄”的记载，世系记载到陈瑄的祖父陈宗政。在陈鞠庄的墓志中，有“高祖三省，曾祖重□□闻”的文字，记载了鞠庄的高祖，亦即陈瑄的曾祖，名叫三省，这样其世系又向上推了一代。陈瑄的父亲陈闻当时已是元末义兵千户。义兵是一种地方武装，由地方丁壮及勇猛正义之士自愿组成，保卫地方民众的生命、财产安全，名义上属于元朝安保体制管辖，但又不在元朝地

陈鞠庄墓志（《江宁区博物馆藏明陈瑄家族墓志考》）

陈鞠庄妻唐氏墓志（《江宁区博物馆藏明陈瑄家族墓志考》）

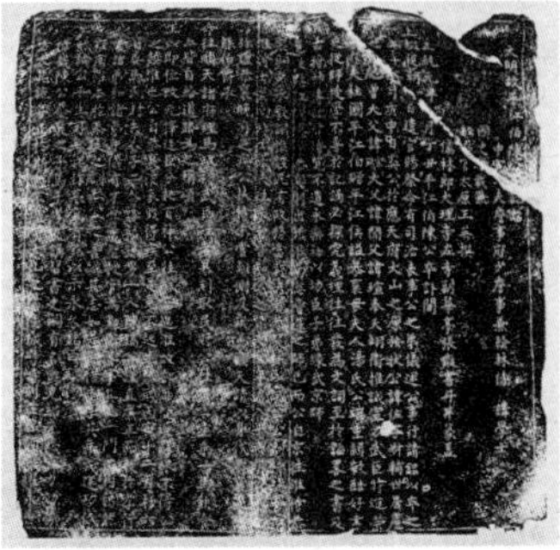

陈瑄之子陈佐墓志（《江宁区博物馆藏明陈瑄家族墓志考》）

方正式武装编制之列。在元朝大势已去的情势下，出于政治智慧的考量，陈闻最终投靠了朱元璋。他随朱元璋东征西讨、南征北战，立下了汗马功劳，官至都指挥同知。《明史》记载陈闻后来坐事戍辽阳，幸亏陈瑄伏阙请代，太祖大概看在陈闻、陈瑄父子立下汗马功劳的份上，原谅了陈闻，最终父子皆得幸免。这条史料不见于他书，多被人怀疑。陈闻八十多岁时失明，家人奉之弥谨，终得善终。

军功升职

陈瑄从小跟随父亲陈闻学习武艺与军事，聪敏不凡，很有正义感。洪武年间，陈闻在成都做官，陈瑄跟随在侧，武艺日趋娴熟，精通兵法，善射，后以武臣之子选侍大将军蓝玉。一次陈瑄随蓝玉出行，远远望见一只孤雁混杂于天鹅群中，其他人射击都没能射中，只有陈瑄一箭射了下来。蓝玉又命陈瑄射向飞翔中的鸱鸮（猫头鹰），鸱鸮亦应声而落，且屡射屡中，众人皆惊，佩服不已，陈瑄本人神色如常，不露得意，大将军蓝玉暗暗赏识。

洪武年间，朝廷修建四川府宫城，需要大量木材，便委派将士去山中伐取，因为所走山路大部分充斥着瘴气，许多士兵染病而死，活下来的也大多不能按时返回，导致工程进度缓慢。上司知道陈瑄是个可用之才，便命他前去。陈瑄改变路线，行程虽长达七百里，危险度却大大降低，于是提前完成任务，不但带回来的木材都很适用，而且士兵也没有再因瘴气而生病。

1391年，陈闻退职，陈瑄继承父亲的职位，出任成都右卫指挥同知。当时军中有不少兵丁贪婪成性，利用不当手段要挟百姓敛财。陈瑄得知后，陆续剔除不良之徒，解除隐患。明初，都江堰年久失修，成都附近灌口一带的堤坝常溃坏，当地百姓深受水害，陈瑄率众修筑长堤。另外，为了长远考虑，他还在成都组织置办义田三百亩，凡是因贫穷而衣食无着、不能婚嫁及死不能殓葬者，都给予相应的赈济。陈瑄的种种举措，甚得民心，赢得民众爱戴之声不断。

明代建国伊始，西南边陲地区的土司屡次叛变新王朝，严重影响社会治安，加上元代投降的将领官吏反复无常，所以西南地区战事不断。当时成都卫下辖五卫：成都左卫、成都右卫、成都中卫、成都前卫、成都后卫。一旦有战事，五卫中的任何一卫都有协同作战的任务，以抵御诸蛮，确保大明的边境安宁。陈瑄属于其中的成都右卫，多次参加讨伐，为大明边疆的稳固立下汗马功劳。

洪武二十五年（1392），元降将建昌卫指挥使月鲁帖木儿等人发动叛乱，陈瑄跟随四川都指挥使瞿能前往讨伐，大军爬山越岭，荡平天星寨，攻破宁番诸蛮，招降夷人数千人。随后，官军兵分三路进攻卜水瓦寨，两队人马支撑不下去而逃回，独有陈瑄率仅存百余人的中路军冒险先登，陷入敌军数千人围攻中。陈瑄身先士卒，下马率军一边射一边砍，足部受伤后稍加包裹又继续迎敌。在他的鼓舞下，这场战斗从上午九点打到下午七点，最终敌人大败而逃，陈瑄全胜而归。

洪武三十一年（1398），陈瑄跟随出征贾哈剌，率领后军攻打中河，从间道出奇兵，做浮桥渡河。渡河之后，陈瑄仿效项羽用兵，下令将浮梁撤去，取破釜沉舟之意，结果士气大振，明军连战连捷，冲入敌方中心所在。此处形势险恶，三面陡峭，易守难攻，当此关头又

小贴士：茶马之政

即茶马互市，是封建王朝针对游牧民族施行的一种财政政策。以茶易马，始于唐代，西北地区食肉饮酪的少数民族缺茶少粮，而中原王朝缺乏良马，于是唐以后的统治者多采取控制茶叶供应，实行以茶叶交易马匹、以茶治边的措施。宋神宗熙宁七年（1074），规定以川茶交换“西番”马匹，确立为一种政策。元代未实行茶马交易之制。明清二代，均沿用宋制，在川、陕设立专门机构。清康熙四年（1665），增设云南北胜州茶马市，用于对藏族易马。到清雍正年间，官营茶马交易制度停止。茶马之政实施了将近700年，增强和促进了古代中国的国防、交通和农业的发展。茶马古道成为民族融合与和谐之道，也是佛教东传之路、世界文明传播和交汇的主要通道。

是陈瑄冒险先上，一日十三战夺其险要关隘。隔一夜，敌军聚众两万余人抵抗，陈瑄、李经等领军从右路出击，奋勇向前，一战斩首四百四十三级，生擒三人，余贼丢弃镖弩、盔甲、挨牌，尽行溃散而去。此战不仅俘获敌方首领贾哈剌，将其押送至京师，附近的叛乱也在这场战役的震慑下，不到一月随之平复。

讨番之余，陈瑄还兼理当地的茶马之政，举措得当，赢得了边疆民众的爱戴，不久以劳绩升任四川都司都指挥同知。杰出的军事才能，加上在处理民政上颇有心得，为陈瑄日后的漕运作为奠定了坚实的基础。

迎降燕王

朱元璋宾天后，其孙朱允炆即位，改年号建文，不久陈瑄迁任右军都督佥事。建文初，燕王朱棣以“清君侧”的名义发动靖难之役。建文四年（1402）七月，燕王的部队逼近南京，苦于无舟，无法渡江。恰逢陈瑄与兵部侍郎陈植同奉建文帝之命守卫长江，率领舟师拒敌。当时长江北岸的浦口燕兵纷至沓来，从瓜洲渡江，取道镇江、龙潭等处的燕兵也已赶来，作为江防

明成祖朱棣

都督的陈瑄沉思苦想，终于痛下决心，以舟师迎降，燕王遂渡江。六月十三日，燕师至金川门，谷王穗、李景隆等开门迎降，都城陷落，宫中火起，建文帝不知所终。六月十七日（己巳）燕王即皇帝位，是为明成祖文皇帝。

史书对陈瑄具舟迎接燕王有不同说法，细细品来，颇有意味。

三杨之一的杨荣认为，陈瑄具备明敏之识、干济之才，敏锐地意识到“天命有归”，于是迎降了燕王。“太宗文皇帝举兵请难至江北，公扣天命有归，牟舟师迎济，以明敏之识、干济之才遭遇”。

《明史》记载颇为简略：“燕兵至浦口，陈瑄以舟师迎降，燕王遂渡江。”

《明史纪事本末》说燕王率精骑冲击明军阵时，建文帝遣都督佥事陈瑄率领舟师前往救援，瑄乃降燕。

谈迁《国榷》直指朱棣为燕庶人，并言都督佥事陈瑄以舟师降。

小贴士：靖难之役

又称靖难之变，是建文元年（1399）到建文四年明朝统治阶级内部争夺帝位的战争。明太祖朱元璋在位时把儿孙分封到各地做藩王，藩王势力日益膨胀。太子朱标早逝，洪武三十一年（1398），皇太孙朱允炆继位，是为建文帝。建文帝与亲信大臣齐泰、黄子澄等采取一系列削藩措施。朱元璋第四子、建文帝的叔父燕王朱棣于建文元年起兵反抗，经几次大战消灭朝廷主力，最后乘胜进军，于建文四年攻下帝都应天（今南京）。战乱中建文帝下落不明，或说于宫中自焚而死，或说由地道逃去，隐藏于云贵一带为僧。朱棣即位，是为明成祖，他大肆杀戮曾为朱允炆出谋划策及不肯降附的文臣武将。靖难之役给明初刚刚得到恢复的社会经济带来了极大破坏。

其他的记载大同小异，这里就不一一赘述了。上述记载中，关于陈瑄迎接燕王的说辞无外乎“迎济”“迎降”“降燕”“降”等，这些说法又都很暧昧，其中细情难以琢磨，只能说可以反推出不同时期史家们的观点立场。

倒是清人吕熊著述的《女仙外史》对此有一番文学的演绎，该书说到陈瑄迎降事云：

燕王入城招抚军士，下令渡江。诸将禀曰：“江北船只，彼皆遣人烧尽，如何可渡？”燕王命取高邮、泰州小船二十，令华聚、狗儿巡哨至浦子口以窥动静。正值都督佥事陈瑄、兵部侍郎陈植同奉帝命，统领舟师前来拒敌。行次龙潭，忽有燕子百数，集于墙上。瑄久有附燕之意，对天默祷：燕王当为天子，群燕飞向江南；若燕王当败，群燕飞向江北。说也可怪，燕子悉向金陵飞去。于是令其下曰：“燕王以一旅之师，破朝廷百万之众，此殆天意，非由人力。今已临江，一木岂支大厦？徒使无辜尽遭屠戮。尔等意下如何？”众将及军士齐声愿降。

陈植奋然立起，斥瑄背君降贼，狗彘不食。遂为麾下所杀。陈瑄取了首级，具舟前迎，忽见有哨船数十，扬旗呐喊，乘着顺风，逆流冲上。陈瑄令将士大声说是迎燕王的，华聚问有何为信，瑄将陈侍郎首悬于竿上，以示燕兵曰：“此督师兵部侍郎某之首级也。”华聚急遣人报知燕王。燕王乘小舸飞至，瑄迎上大舰，叩首称贺。王曰："识天命者，惟公一人。"瑄进言曰："京口密迩金陵，尚有数万雄兵屯集，须豫为图之。"燕王曰："公言是也。"都指挥吴玉进曰："京口守将童俊，与臣至交，愿往招之，请大王泊舟以待。"燕王大喜，即遣吴玉前往。翌日报命，降表已至。王乃祭江誓师，扬帆直指金陵，旌旗蔽日，金鼓震天。防守采石矶军士，悉来迎降。

小贴士：《女仙外史》

《女仙外史》一百回，又名《大明女仙传》《石头魂》，日译本题名《通俗大明女仙传》，该书立意为农民起义领袖唐赛尔作翻案文章，全书前十四回据《明史纪事本末》有关叙述而加以发挥，其后写燕王朱棣起兵靖难，族灭方孝孺、景清、铁铉等建文诸臣，篡位登基数回，又多据史实；以下八十回叙唐赛儿起事，尊奉建文正统，对抗燕兵等事，则纯然出于虚构。该书称赞农民起义，有可取之处，但篡改史实，且堕入明代神魔小说路数，文笔亦不佳。

《女仙外史》中对于陈瑄迎降前的心理活动和行为描述颇值研玩。南京城飞来燕子之说自洪武年间就时有传闻，这可以说是古代谶纬之说的延续，也可以说是燕王为夺取天下所做的舆论战。陈瑄借此发动，更有可能是准备良久、待机而动了。其后，陈瑄献计招降京口守军，渡江而取天下，可以看作是对大明时势深思熟虑后的行动了。

建文四年（1402），明成祖朱棣大封靖难功臣。陈瑄因有默相事机之功，论功授奉天翊运宣力武臣，特进荣禄大夫柱国平江伯，食禄一千石，还得到白金三百两、彩缎二十表里、钞二千五百贯的赏赐。永乐帝一并给诰，赠其曾祖、祖、父俱如公爵，曾祖妣某氏、祖妣某氏、母某氏俱夫人的称号，陈瑄夫人被封为汤氏夫人，追封陈氏三世永禄，世袭指挥使。有诰券，本身免一死。

从单纯的伦理道德来看，陈瑄迎降燕王之举是不受传统史家待见的，因而后世中有些史书对于陈瑄的反戈不以为然，并将他列入“贰臣传”中。历史往往有着不为人的善恶评价所左右的吊诡进程，公认的善行能收拾民心，却是懦弱和优柔的代名词，开出的只是一事无成的小花；而令人不寒而栗暴行的另一面，反而呈现出用文治和武功建立起来的巍峨宫殿。康德曾对西方殖民者的“恶之花”进行过客观评价，譬如贩卖黑奴、走私鸦片、烧杀抢夺等罪行，给殖民地人民带来无穷灾难，却也在另一个方面推动了人类对世界地理的认知，推动了工业革命和科技革命，从而在一定程度上推动了历史的进程。我认为，将它套用在明成祖身上恰如其分。

陈瑄以敏锐的政治眼光看到了建文帝和他的一帮文臣尽管仁厚，却难以决大事，而燕王虽残忍好杀，却有一代雄伟之主的天分。历史已经无从得知陈瑄在面临政治站队时的彷徨和犹疑，但我们知道，这次抉择，彻底断送了建文帝的最后一点希望，大明朝从此翻开了新的一页。以陈瑄的政治智慧，大概能看到这一点。所以说，陈瑄举长江水师之全军，投奔当时南京舆论的公敌——叛王朱棣，绝不可简单地视为一种政治投机，这应是非凡的政治勇气和反复的政治考量下，所做出的选择。陈瑄此举当然不

建文帝朱允炆

利于建文帝及其追随者，不过，其及时迎降，大大缩短了靖难之役的时间，减轻了人民的战争之苦。从后来的历史进程来看，朱棣在文治和武功上都大有作为，大明朝威加海外，文化影响力至今不绝，自不是长于深宫之内、养于妇人之手的朱允炆所能比拟的。由此观之，历史褒奖不能忘了陈瑄迎降的这一节。

第二章 海运干臣

陈瑄一生历仕洪武、建文、永乐、洪熙、宣德五朝，靖难之役后，他担任漕运总兵官达三十年之久，凡所规画，精密宏远，一直到宣德八年（1433）十月十一日走完六十九年的人生前，他都奔走在漕运的前线，保障两都（金陵和北京）和辽东前线的粮食安全，确保国家的安全。

统领海运

明初漕运分河运和海运两条线路。明太祖定都金陵，政治中心和经济中心合二为一，因而贡饷政治中心的漕运以河运为主，主要集中在以南京为中心的江南水运。此外，远遁塞外的北元始终是新兴的大明王朝的心腹之患，出于军事斗争的需要，明政府向北方大规模输送粮饷，该路线漕运以北平和辽东为中心，以海运为主。明代海运直接从元代海运承袭而来，海运路线涉及浙江、江西及苏州等九府，由水路或陆路运粮三百万石至开封。其后，中书省符下山东招募水工，发莱州洋海仓饷永平卫，其后海运辽东、北平成为定制。

洪武年间，海运规模巨大，从洪武元年北伐开始，到洪武三十年因军屯兴起致使辽东粮饷盈余而止，海

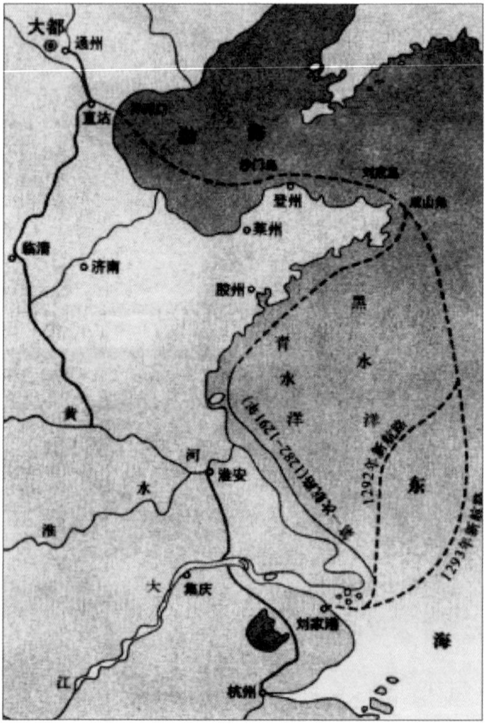

元代的漕运和海运

小贴士：元代海运

指元朝政府组织的将南方粮食和物资由海路运往北方的活动。元朝时期海运发达，粮食运输逐步以海运为主，南方的粮食经海道运至直沽（今天津），再经河道运达大都，传统的内河运输退居次要地位。设都漕运使司和京畿都漕运使司，负责接受南来的粮食物资并运往大都，管理所属各仓公务。岁运之数，最高额为天历二年（1329）的三百五十余万石。元代海运加强了南北物资和文化的交流，促进了造船技术的提高和外贸事业的发展，为开发中国东部海域的航运做出了贡献，沿海城镇也由此而繁荣；另一方面，元朝统治阶级也因海运而因循苟且，依赖江南，忽视了对北方地区的开发和治理。随着元代政治的衰敝和农民起义的爆发，海运日益衰落。

运为明初统一战争做出了巨大贡献。海运因战争而起，故而海运的督运官主要由武人担任。有学者统计，洪武年间漕粮督运官主要有汤和、吴祯、廖永忠、张赫等勋臣，吴迈、陈権、马云、唐胜宗、于显、张德、朱寿、黄辂、杨文、朱信、宣信、陈信、郑遇春、王庭等水军将领，这些人均为武将出身。海运由武人掌控，海运队伍也是直接从水军中转化而来。

靖难之役后，武将陈瑄接过了海运的旗帜。值得注意的是，陈瑄不仅单纯地为北移的政治重心北京及辽东运输粮饷，这期间还要处理许多复杂的变故。自永乐元年恢复海运以来，漕舟要取道海上，因为海运有漂没溺死的损害，即所谓的“风涛之险”，明太祖于洪武三十年（1397）十月，下令废止海运，推行屯田政策。海运的风险加大了督运粮饷的难度，为保证万无一失，陈瑄制定了严格的漕规。永乐四年（1406）六月，朝廷命陈瑄督海运抵天津卫，所部舟师必约日同登，不得先后，违者治本舟部官罪。然而，到达后，陈瑄遣人奏闻，三十余艘违约五日才行，虽同日俱达，也无所损耗，但违背了同发之约，应当对各舟部运官治罪，以戒后来运官，可以看出当时督运规则的严格。

因年代久远，史料不足，有关明初海运粮饷数目不详，仅从几条零星记载可以窥见一斑：永乐元年八月492637石，六年651220石于北京，十二年接运海运粮414810石于通州。据此推测永乐初期的海运数量当在年均四五十万石以上，与成化时定额的四百万石相比，只有十分之一强，距离满足军饷需要还有一定差距。造成海运数额偏少的原因，主要是海运粮饷风险大，由直沽循海道，船至海滨不敢疾行，必等候十多天，甚至一个多月，等大风止息，才敢一渡。有时海船到了中流遭遇大风浪，随时可能被打翻而沉入海底，一年之间损船不下数十，而粮斛损失动以万计。漕船沉溺、损失事故时有发生，给漕运带来了隐患。

抗倭防盗

海运不仅有漂溺之险，还有盗贼之灾。明初，倭寇在沿海一带活动猖狂，常常劫掠过往漕船。朝廷对于防倭一事十分重视，成祖特叮嘱陈瑄务必会合安远侯柳升等人，海运时必须以兵护卫，遇到寇至，务必协力剿杀，避免意外。漕艘配有专门武装，载粮千石以上的海船有百名兵士护卫。遇倭寇来袭，若将士能斩贼首一级者，赏银五十两；临阵畏怯者，会被斩杀。在陈瑄经历过的多次护漕抗倭战斗中，比较著名的一次发生在永乐四年（1406）十月，时大军海运毕回还至辽东，正值倭寇在沙门岛一带抢劫。见此情形，陈瑄下令官军迎击，

明代抗倭图

将士一直追至朝鲜境上，焚其舟，杀溺死者甚众，大获全胜。这次大败倭寇，就是明代著名的平江伯陈瑄击倭的沙门之役。

有时运粮完毕，陈瑄或充任副总兵，或充任参将，率领浙江、福建官军专门剿捕海寇。几次交战后，海寇听闻陈瑄到来，就藏匿不敢出了。永乐时期，虽然海上的倭寇不断地侵犯大明海疆，但大明海运的脚步并没有因为倭寇的侵犯而停止。永乐元年兴海运时，还有陆运的漕粮运输途径，目的是加大向北方漕运粮储及其他军储物资量，以保大明国家机器的正常运转。平江伯陈瑄留在经营海运的同时，又兼陆运。

洪武与永乐前期海运持续不断，上至九五之尊，下

天津天后宫

至贩夫运丁，无不祈望漕运能顺利到达，为此，人们多企盼得到“天神”的帮助。沿海一带以信奉“天妃”为主，海上风涛叵测，沉船事故频发，人们多建天妃宫，祭拜祈福。永乐三年（1405），陈瑄在直沽建天妃庙一座，希冀运军和漕艘能得到妈祖的庇佑，并沿途多祭拜。然而海运始终事故不断，伴随着京杭运河的畅通，海运最终于永乐十三年废止。

营建天津城

天津原名直沽，又称小直沽，原本是海滨荒地。元都于燕，江南漕粮北运，无论走内河抑或由海，都需先抵直沽，而后转运张家湾、通州，再送达大都。明初称直沽为“天津”或“天津卫”，靖难前，天津没有设卫。据李东阳《修造卫城旧记》载，永乐二年（1404）

十一月，明成祖兵下沧州，开始设立天津卫，命工部尚书黄公福、平江伯陈瑄筑城浚池，都指挥佥事凌云以及指挥同知黄纲等共同营造。天津城筑成后，周长为九里又十三步，高达三丈五尺，开有四个城门，上面均有城门楼。在主持这样大规模的工程期间，陈瑄善于用人，劳逸结合，对民间百姓秋毫无犯，显示出杰出的民政才能。

天津卫城建成后，和漕运进一步密切相连，漕舟抵达直沽（今天津东塘沽与大沽间）后，需再用三板划船装运至通州等处交卸。大约海舟一载千石，可以抵挡河舟三倍以上，可以推测，河舟数目当属不足，需建粮仓储纳。永乐二年（1404），陈瑄在直沽建起两百零八座芦屯，以为暂储漕粮的权宜之计。随着漕粮的不断增加，粮食难以及时由陆运转至北京，先前建立的

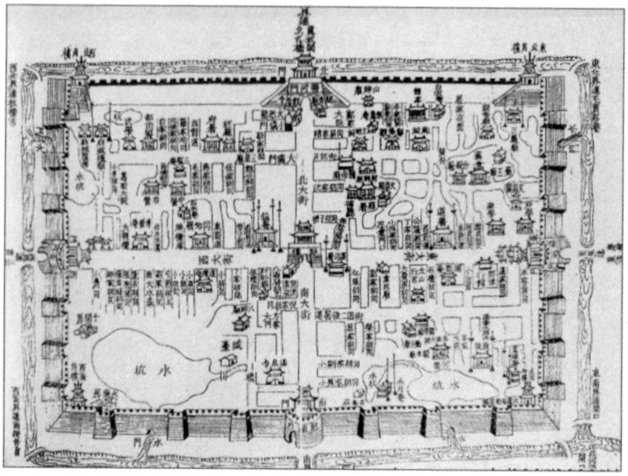

天津卫城

芦囤已不能满足存储的要求。天津作为未来京师的畿辅城市，也有必要储存一定粮物以备不时之需。永乐六年（1408），成祖命陈瑄在直沽东的尹儿湾修建仓廪，估计可以储粮百万石。如此大规模的粮仓建立后，天津的仓储能力大大提高，其水运中转站地位进一步巩固。

成祖考虑到天津的重要性，直沽海运商舶往来之冲，应该设军卫，且海口之地肥沃，于是调集军队屯守，后来又派天津籍的卫兵万人戍守。从城市发展的角度看，数以万计的军卒驻扎在此护卫、转搬粮食，靠运河为生的贩夫走卒的日益增多，加上往来的官员、士人和手工业者，必将带动整个城市工商业的发展。就此而言，陈瑄可以称得上是天津城的奠基者之一。

修海堤 筑宝山

统领海运粮饷时，陈瑄不仅要及时调整航线，如果遇有海防工程毁坏，也要修理整顿。扬州海门县（今属南通）旧有捍海堤，始建于唐朝，北宋范仲淹复修之，故又名范公堤，后屡筑屡圮。到明代时，海堤东抵海南，并江沿袤一百三十余里。永乐九年（1411），出海口的海堤因年久失修而决溃，从扬州的海门历通、泰至盐城长达八百里地方，海水漫过堤岸，泛滥成灾。第二年，成祖命陈瑄以四十万士兵修筑长堤，长达万八十余丈，有力地制止了海水倒灌冲毁盐场。

古人从事航海，多以山脉、岛屿作为辨别航线、港口的标志，然而位居我国海岸线中点的长江口一带是平原，无特殊景物可做标识，加上江海交会之处，风大浪急，礁滩密布，过往船舶常因迷航而失事。明代初期，随着来上海的商船逐渐增多，为了保障水上安全，吴淞口外亟需醒目的导航标志。于是在永乐九年，陈瑄上疏明成祖朱棣：“苏州府嘉定县濒海之墟，正当江流冲会，海舟停泊之所，其地平迤，无大山高屿，漕舟于此，或值风触坚胶，浅辄致倾覆，无高山大陵可依。请于清浦（浦东高桥古称）筑土山，方百丈，高三十余丈。”陈瑄请求在嘉定县的青浦筑土为山，立堠为标识。明成祖很重视这个建议，很快就采纳了，下令有司征集军夫，并叮嘱陈瑄：“若工难成，且速馈遗，无失风候，俟农隙为之。”

永乐十年，陈瑄率领军民在浦东附近委土成山，在浦东高桥东北建起长江口第一座大型航标，并派专人

《万历嘉定县志》宝山所图

驻守。既成，明成祖赐名“宝山”，亲自为文记之，文云：

嘉定濒海之墟，当江流之会。外即沧溟，浩渺无际。凡海舶往来，最为冲要。然无大山高屿，以为之表识，遇昼晴风静，舟徐而入，则安坐无虞。若或暮夜，烟云晦冥，长风巨浪，帆樯迅疾，倏忽千里；舟师弗戒，瞬息差失，触坚胶浅，遄取颠踬，朕恒虑之。今年春，乃命海运将士，相地之宜，筑土山焉，以为往来之望。其址东西各广百丈，南北如之，高三十余丈。上建烽堠，昼则举烟，夜则明火，海洋空阔，遥见千里。于是咸乐其便，不旬日而成。周围树以嘉木，间以花竹，蔚然奇观。先时未筑山之前，居民恒见其地有山影，及是筑成，适在其处，如民之所见者。众曰“是盖有神明以相之，故其兆先见”，皆称之曰宝山。因民之言，仍其名而不易，遂刻石以志之。

并系以诗曰：

沧溟巨浸渺无垠，混含天地相吐吞。洪涛驾山集嶫奔，巨灵赑屃相嘘歕。挥霍变化朝为昏，骇神褫魄目黯眢。苍黄捐龣孰为援，乃起兹山当海门。孤高靓秀犹昆仑，千里示表欝悖嫩。永令迅济无忧烦，宝山之名万古存，勒铭悠久同乾坤。永乐十年五月。

关于这块永乐御碑的正式名称，明代郑若曾的《江南经略》记为“御制宝山碑”，而乾隆《宝山县志》

明成祖御制宝山碑

则写作“明成祖御制宝山碑记”。由此可见，宝山是在人们的急切期盼中诞生的。根据一些文献记述，宝山的基部以巨木为桩，上垒大量石块和泥土而成，四周树林苍翠，花卉吐艳；顶巅不仅有设计巧妙的用于导航的烽堠，还造了观音殿、龙王庙，春秋时节，拾级而上的游人络绎不绝。

尤其值得一提的是，郑和在永乐年间多次从太仓刘家港启碇下西洋，都经过吴淞口出海，宝山也成为其大型船队的航标之一。明代王世贞的《宝山堡记》对宝山

小贴士：郑和下西洋

明代永乐、宣德年间的海上远航活动，首次航行始于永乐三年（1405），末次航行结束于宣德八年（1433），共计七次。由于使团正使由郑和担任，且船队航行至婆罗洲以西洋面（即明代所谓“西洋”），故名。在七次航行中，郑和率领船队从南京出发，在江苏太仓的刘家港集结，至福建福州长乐太平港驻泊伺风开洋，远航西太平洋和印度洋，拜访了三十多个国家和地区，其中包括爪哇、苏门答腊、苏禄、彭亨、真腊、古里、暹罗、榜葛剌、阿丹、天方、左法尔、忽鲁谟斯、木骨都束等地，已知最远到达东非、红海。郑和下西洋是中国古代规模最大、船只和海员最多、时间最久的海上航行，也是十五世纪末欧洲的地理大发现的航行以前世界历史上规模最大的一系列海上探险。

做过描述：长江口外“海多沮洳，不利漕艘，宜裒土若山者以识之”，“中贵人和（郑和）等海舶之收启亦取标焉”。

当时，宝山堪称相当先进的导航设施，它的“昼则举烟，夜则明火”，极大地方便了船舶出入长江口，对

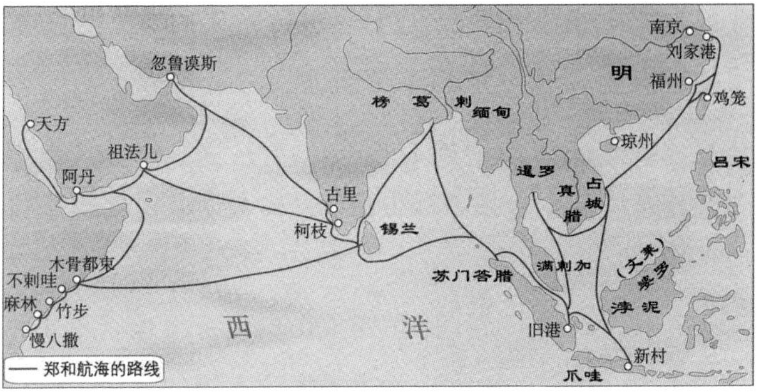

郑和航海路线图

于促进黄浦江航运贸易发展也有重要作用。弘治《上海志》记载：船商“乘潮汐上下浦，射贵贱购贸易，疾驶数十里如反复掌，又多能客贩湖、襄、燕、赵、齐、鲁之区”。

宝山的出现，也促进了当地海防建设的发展，新版《川沙县志》记载：“明万历四年，右参政兵备王叔杲筑城于宝山之西麓，两年建成，为宝山城。城周长四百九十五丈，高二丈六尺二寸，四门皆建楼。敌台、窝铺、吊桥、护城壕等俱备，系明代海防驻兵之所，驻军二千名左右。城于清康熙八年（1669）坍没入海，现尚存造城石刻一块，存放于清代宝山城遗址内。”万历十年（1582）夏的一天，狂风暴雨，巨浪翻腾，海水冲垮土堤，使宝山坍入海中。事后，人们将幸存的永乐御碑搬至清浦旧镇的东桥之北，并设了碑亭，因而万历《嘉定县志·山岗》记载“宝山西北四里有御制碑”，光绪《宝山县志》也记载“御碑亭在清浦镇东桥街北”。

宝山御制碑记述了陈瑄筑宝山的艰苦历程以及郑和七下西洋，是当时中国成为世界海洋大国的见证，也是今天唤醒国人海洋意识的历史教材。

第三章　治河名家

明代大运河南及江口，北到大通桥，运道长达三千余里，因地为号，可以分为白漕、卫漕、闸漕、河漕、湖漕、江漕、浙漕。陈瑄在掌管海运之余，大力整治运河，在淮扬段运河、会通河、徐州吕梁二洪等地河道治理上功勋卓著，是明代足以与宋礼、徐有贞、潘季驯相提并论的治河名家。

经营清江浦　筑堤高家堰

如前文所说，明初海运遇到了极大的挑战，明成祖登基后，随即着手规划内河漕运，恢复元代的大运河用以漕粮北运。淮安地处大运河中段，位于黄河和淮河的交汇处，运河在淮安城东北、西北处入淮，因此淮安成了内河漕运的重要节点，是河道治理的关键所在。

明初，湖广、江西、南直隶、浙江粮米多由长江转淮扬运河（即淮河南至长江北的一段运道）北上。漕船行至淮安时，需要盘五坝入淮，其中仁、义二坝在东门外东北，礼、智、信三坝在西门外西北，都自城南引水抵坝口，其外面即淮河。过坝时，重载之船必须先把货物卸下，将空船拖过坝，再将货物装上，此举不仅劳民伤财，船只和货物也易损坏，正所谓“逾淮达黄河，劳费甚巨”，不胜劳苦。

永乐二年（1404），明成祖命陈瑄督海运，由山阳之东坝进入淮河，并在淮安城西的清江浦修建一闸。闸口淤塞后，漕船由二坝（仁、义）、官民商船由三坝（礼、智、信）入淮。过坝后，船只需再逆水西行六十里过淮。淮扬间多湖，船行其中不免风涛险阻，有人主张由滁州六合县凿河通运，但陈瑄认为这条河道有很多石头阻挡，河水干涸则损坏船只，水势上涨则凶险异常，此计绝不可行。

永乐十三年（1415），陈瑄提出疏浚历史上的邗沟，引舟自大江历扬州至淮安，以通漕运。但邗沟旧道年久失修，一时难以遽行。后来陈瑄访淮安耆旧，有一个老人建言道，淮安城西有管家湖，该河至淮河鸭陈口仅二十里，于清河口（清江口）相值，凿河引湖水入淮，可通漕舟。老人的建议是恢复北宋时乔维岳所开沙河旧渠。宋时淮河西流三十里曰山阳湾，水势湍悍，运舟多罹覆。乔维岳规度开故沙河，自末口至磨盘口凡四十里。可惜自宋几百年来，无人修治，早已不可用。陈瑄认为此计可行，开沙河旧渠可以避开山阳湾清河口风涛之患。永乐十三年五月，陈瑄率军民循沙河旧迹，从淮安城西马家嘴引管家湖水，向东北至鸭陈口入淮，全长二十里，自北而南依次兴建新庄、福兴、清江及移风四闸。据姚汉源先生考证，新庄闸在旧清河县东十三里（府治西北五十里）的新运通淮处，俗称大闸，又名

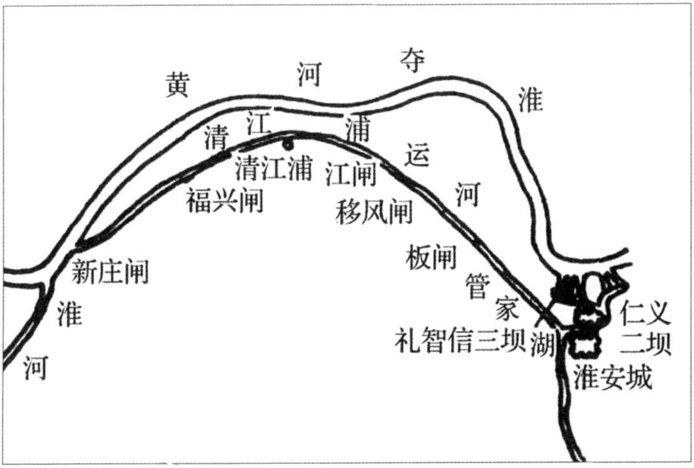

明初淮安五闸及清江浦运河示意图

头闸；福兴闸在府城西四十里，俗称二闸，清江闸在府城西三十里；移风闸在府城西二十里。修建四闸时，陈瑄在湖内筑长堤作为纤路，又名新路。因四闸不能

小贴士：清江浦

今淮安市中心城区。清江浦原本是清河码头至山阳城（今淮安区）之间的运河名。吴王夫差开通由邗城（今扬州）至末口（今淮安河下古镇）的邗沟。隋唐运河泗州至山阳段利用了天然淮河河道，航行艰难且危险。宋代沿淮河右岸开凿复线运河——沙河，沟通磨盘口（今淮阴船闸附近）至古末口。沙河即为清江浦河的前身，后逐渐淤塞。明永乐十三年（1415）春，陈瑄动用民工疏浚沙河，筑闸四处。从此，江南漕船可以直接到清江浦，既免除陆运过坝之苦，又减少许多风险。在清江浦河的两侧兴起了新的城镇，便以河名“清江浦”命名，一座运河名城由此诞生，史称“南船北马，九省通衢”。明清时，以清江浦为重要组成部分的淮安，与扬州、苏州、杭州并称运河沿线的“四大都市”“东南四都”，有“中国运河之都”之称。

节水，永乐十四年（1416）陈瑄又奏建板闸，因仓促建之，初为木制，第二年改为石闸，乡人仍呼板闸。此闸与前四闸合称五闸，以节水通运。工成后，将旧沙河易名为清江浦，又在清江浦旁置常盈仓积粮，以备转运。漕舟直达于河，省费不訾。从此东南之舟浮于邗沟，济于淮，溯于河，于汴、于沁、于泗、于沂、于汶，沿于会通，入于卫，溯于白，达于大通，至都城六十里。

为了适应漕运的发展需要，陈瑄在清江浦大力兴造漕船。明永乐七年（1409），淮安、临清开始建清江、卫河二厂。陈瑄督漕时，查清江浦闲旷之地，建盖漕军各卫所造船厂房，漕船厂规模始备。当时清江浦船厂的规模极大，据史料记载，令各卫所官军鳞次而居，以为造船之所，其地南枕运河，淮水萦回，钵池环拱，肆烟津树，映带帆樯，亦淮南之形胜也。厂地界山阳、清河二县之间，东西去县各三十里，位于今天清江浦南岸，共辖八十二卫所船厂，其中京卫厂辖

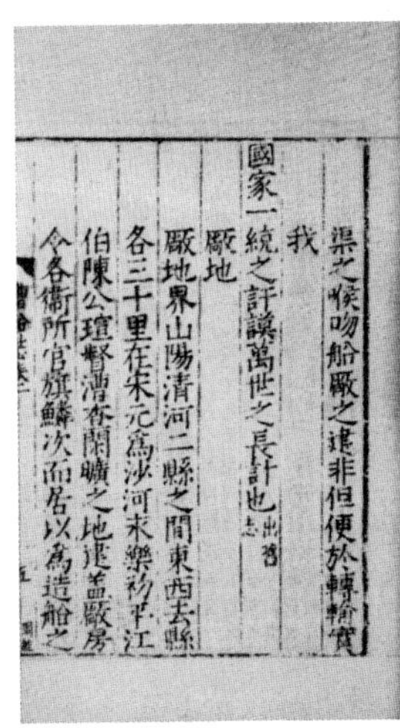
渠之候吻船厰之建非但便於轉輸實
我
國家一統之訏謨萬世之長計也出舊志
厰地
厰地界山陽清河二縣之間東西去縣
各三十里在宋元為沙河永樂初平江
伯陳公瑄督漕査閑曠之地建盖厰房
令各衛所官旗鱗次而居以為造船之

《漕船志》书影

1956年出土于山东省梁山县宋金故河道内的明代漕船

三十四卫厂，在今三亚路对岸至清隆桥东，长六里；卫河厂辖十八卫厂，在清隆桥东至大闸口东，长两千五百米；中都厂辖十二卫厂，在清河路东至西安路西，长两千五百米；直隶厂辖十八卫厂，在西安路西至韩信城西，长三千五百米。清江漕船厂工匠分舱匠、箬篷匠、竹匠、索匠、船木匠、铁匠、油灰匠等，共六千余名。每年清江厂造漕船五百三十二只，卫河厂一百三十二只，合计七百六十五只。清江船厂所造漕船占全国漕船的近六成，既大大满足了全国漕船的需求，又为清江浦的经济带来巨大收益。

清江浦建成后，考虑到淮水涨溢东侵淮安城，陈瑄又筑高家堰堤以捍之。高家堰在氾光湖西北，是汉代扬州刺史陈登修建，宋转运使张纶继之，唐宋以来，没有太大改变。陈瑄修高家堰自武家墩，经过大小涧，至阜宁湖，工成后不但淮水无东侵之患，还可以涤荡泥沙，时人喻为："譬之人食稠糜，必易于哽咽，若漱以清茗，有不利喉而下者乎？"陈瑄又想到黄河涨溢会南侵淮安城，故筑堤新城之北以捍之，起清江浦沿钵池山柳湾逶迤向东，而黄水再无南侵之患。因淮安为黄淮交汇处，黄河自中州而来，至徐州以下河流更加浑浊，及将入于海，又有两潮逆其流，若无水清的淮河为其涤除，则入海口更易于淤塞。

为保河道通畅，除常疏浚河淮交汇的清口外，陈瑄对船闸的启闭也规定甚严。船闸启闭有期，或二三日，或四五日，且迭为启闭。如启板闸，则闭新庄等闸；如启新庄闸，则闭板闸等闸；闭新庄等闸，则板闸为平水；闭板闸等闸，则新庄闸为平水。各闸均有锁，锁纶由漕巡掌管，诸闸启闭交给分司，运毕即行封塞。一般来说，只许运输漕粮的漕船、运鲜船由闸出入，其他一应官民并回空船只悉令车盘，有敢私自擅出入者，重罪治之。其中官船由闸唱筹挨帮序行，通常五日发筹一放；民船悉令过坝自便。过闸时，要待积水而行，若积水未满，或积水虽满，上面船未过闸，或下闸水未满，则不得擅开。若豪强之人逼胁擅开，走泄水利，及闸已开不依帮次争先斗殴者，所在闸官会将应问之人拿送管闸并巡河官处追究责任，因而搁坏船只损失进贡官物及漂流系官粮米及伤人者，各依律例重问。如遇“上闸船已过，下闸已开，积水已满，而闸官夫牌故意不开，勒取官船钱物者”，一并治罪。闸上人员除掌管启闭闸坝之外，还兼有“报水头”的责任，如淮水始发时，河水入河南界，闸上所在之人必须通报，报一定要先于水至，“报至新庄闸，即下板贴席，实土闸外又有土坝，亦复实筑之，必俟旬日水头已过，大势已退，然后启闭如常”。尽管本段官商民船往来不息，但因陈瑄建制闸坝合理、诸法规制细密，所以较少发生拥堵。后法久渐驰，五闸亦已湮废，启闭无常，是以黄淮二水倒灌，伤运道。后人多有上奏，以为陈氏法规合理，请求复之。

疏浚淮扬段运河

淮扬段运河北至淮安，南至扬州瓜州入江口，长三百七十余里，所经之处，南有大江，西有长淮，其间湖泊众多，因此又有“湖漕”之称，是京杭运河南部非常重要的一段。除了锐意经营清江浦和高家堰之外，陈瑄对此段运河着力甚多。

淮南运河南段自唐宋以来一直由瓜洲入运。明代仪真运河与瓜洲运河于扬子湾处相会，南面瓜洲港通两浙之运；西面仪真港接运湖广、江西之米。二港地位十分重要，洪武间，运往辽东的漕粮，需从仪真上淮安，再由盐城泛海；运往梁、晋的粮饷，也需经由仪真赴淮安，盘坝入淮。永乐间迁都北京，上江漕船大都由仪真港进入运河，漕船鳞次栉比，俱由此过坝，因而有“瓜、仪之间，运道之咽喉”的说法。

陈瑄于瓜仪段做通浚事宜很多。永乐十年（1412）十一月，仪真沿江堤岸因年久坍塌，陈瑄发民夫修筑堤岸，并疏浚仪真清江坝、下水港以及夹港等处河道。时隔一年有余，瓜洲坝河淤垫，一至瓜洲巡检司，一至江口，共计六百余丈，陈瑄等发民浚之。洪熙元年（1425）春，仪真坝河再堵，十一月仁宗命陈瑄发附近府卫军民两万余人浚之，直到第二年春方才完工。浚毕，规定仪真坝下黄泥滩、直河口二港及瓜洲二港、常州之孟渎河，皆三年一疏浚。宣德六年（1431），巡抚侍郎赵询上言仪真五坝中有二坝专过官船及官运竹木等物，三坝专过粮船民船，以繁忙滞留至十余日，坝下河窄无泊舟处，请增坝开河。宣宗令六部会议此事。不久

小贴士：淮扬运河

古称邗沟、里运河、渠水、韩江、中渎水、山阳渎等，指从淮安到扬州的运河河道，全长一百七十余千米。公元前486年，吴国利用湖泊密布的自然条件，修筑运河，沟通长江与淮河，该运河以古邗城为起点，因此称为“邗沟”。605年，隋炀帝疏通扩大了邗沟旧道以便行船，改称“山阳渎”，并作为隋唐大运河的重要组成部分。北宋时期，在邗沟上建有数十处闸、坝、涵等建筑物，并且出现了世界上最早的船闸——复闸。元代漕运继续发挥重要作用。明清时期淮扬运河的繁荣达到了顶峰，淮安与扬州名列运河沿线“四大都市”。清末黄河水患不断，淮扬运河沿线逐渐衰落。1901年，海运取代漕运，淮扬运河沿线完全衰落。淮扬运河是世界文化遗产——中国大运河的重要组成部分，沿岸遍布遗产点十五处。

又有请开浚白塔河、仪真港河与淮安清江闸河，因工程太多，浚仪真钥匙河推迟到了七年。工成后可分流部分船只，漕河不致壅滞。

淮扬间湖河众多，分支亦多。如扬州东有运盐河，分支有白塔河，与大江相通。遇有漕运繁忙，舟楫可入支流以待。白塔河在扬州府东北六十里，上接邵伯湖，南通扬子江，北入高邮界，斜对常州孟渎河与泰兴北新河，均为浙江漕粮北运的备用通道。

白塔河开凿前曾有武进县人进言，闽浙官民舟船及今漕运，必由本县孟渎河出，逆行三百余里，始达瓜洲坝，往往为风浪漂溺。旧县有新河四十余里，出江正对扬州泰兴县，入至泰州坝一百二十余里，至扬子湾出运粮达河，比今白塔河尤为便利。考虑到年久淤塞难通重载，希望加以修浚。陈瑄与时任巡抚侍郎的周忱商议后以为不便，未采纳。宣德六年白塔河得以开凿，与浚仪真坝河供用人约四万五千零八十人。值得注意的是，明代三杨之一的杨士奇曾多次经过陈瑄的治所，对陈瑄治理淮扬运河的政绩并不全然褒奖，也曾颇有微词，如在其行纪中说："初九日五鼓，至清河，遂过青口驿。信主追送余赴山阳，同舟度淮。罗文振出清江浦见迓，

小贴士：杨士奇

杨士奇（1365—1444），本名杨寓，字士奇，号东里，吉安府泰和县人，明初重臣、学者。杨士奇年少丧父，游学四方，至建文帝时受诏修撰《明太祖实录》，授翰林院编修。明成祖即位，辅佐太子监国，曾因卷入宫斗而下诏狱，不久被赦免。仁宗即位后，迁礼部侍郎、少师、华盖殿大学士，兼任兵部尚书。他先后历经五朝，任内阁辅臣四十余年，任首辅二十一年。与杨荣、杨溥并称“三杨”，他们同心辅政，谏免兵戈，体恤百姓，多行善政，是“仁宣之治”的主要开创者。杨士奇被时人称为“西杨”，以“学行”见长，先后担任《明太祖实录》《明仁宗实录》《明宣宗实录》总裁，后因其子杨稷杀人案而自请致仕归乡，自此忧虑患病，正统九年（1444）去世，年八十。获赠左柱国、太师，谥号文贞。

亦同舟行。过五闸至西湖，两人指示余，常盈仓及湖中十里长堤为公私往来之便。二人又言，比年淮溢郡城，内外官府军民庐舍俱渰，独仓址高，水不及。余叹平江之功，因访及其素所行。李、罗皆言老成有谋虑，诚难得。如众皆欲开白塔河，平江初坚执不从，众遂造谤蔑之飞语，达北京。平江不敢止，既开，卒无利有害。其他之功尚多，但不应兼守淮安，而为小人所罔，行事往往不纯耳。”杨士奇指出，陈瑄为舆论绑架，开设白塔河却有害无利；守备淮安为小人蒙蔽，行事有私念。

宣德七年（1432）四月工毕，陈瑄又建议道，白塔河南出大江，北通扬州，去旧所设巡检司颇远，应该在江口添置巡检司，用以惩戒盗贼。宣宗采纳。后来宣宗又听从赵新、陈祚的建议，命陈瑄役使民夫四万五千余人浚之，建新闸、潘家庄、大桥、江口四闸。至正统四年（1439），都督武兴以其淤浅，泄漕河水，派人堵闭河口，仍自瓜洲盘坝。后虽屡有开治，终因江路险远，弃之不用。

筑堤置闸是陈瑄治理淮扬运河的又一方法。由于前代不重视运河的治理，加上元末战争的破坏，至明初，淮南运河堤岸的大部分已毁坏，运船只得行走运西诸多湖泊中，湖中风高浪急，危险重重。陈瑄先是沿管家湖筑堤十里引舟，又在高邮、邵伯、宝应氾光、白马四湖之东筑堤，堤内皆置涵洞，互相灌注；并于高邮湖堤内凿渠四十里，以避风涛之险。又“湖漕无堤与无闸同，湖堤无闸与无堤同”，陈瑄在修筑运西湖堤时，建数十个渐水闸，“湖水溢则泻以利堤，水落则闭以利漕”。后来因修闸劳烦，闸坏即被堵死，逢湖水涨溢，因下无宣泄之路而常溃决堤岸。

治理徐州洪、吕梁洪

徐州是漕运北上途中极为紧要的一段，城东南的徐州、吕梁二洪，水中怪石林立，水势湍急，船行至此，一不小心即破坏覆溺。为便行漕艘，陈瑄不但凿去二洪巨石，更于洪口建闸置仓，一定程度上减轻了此段的险恶状况。

徐州城东北为泗水、汴水汇合处，因受山地夹击，河道狭窄，洪水冲击水中怪石，形成了秦梁洪、徐州洪、吕梁洪三处急流。三洪之险天下闻名，其中又以徐、吕二洪为最。徐州洪又名“百步洪”，位于徐州城东南二里处，其形似“川”；中间乃中洪，西为外洪，东为里洪。里洪又名月河，外洪自东北向西南，水道较宽，巨石连亘于水中。中洪自北向南，又折而向东与里洪会合，水道狭窄。每年夏秋汛期，洪水增多，巨石没于水中，可容一舟通行。水半消时，三条水道内亦可通船。但遇水浅塞，只有中洪可过船。洪中巨石半隐半显，稍不留意就会人船皆毁。宋人苏辙过洪时，心悸洪中惊险，作诗“岸边乱石如牛马，衔尾舳舻谁敢下”，描述徐州洪之险。吕梁洪较徐州洪更为险恶，位于城东南五十里，四周多山，分为上洪和下洪。其绵延七里多，洪中布满大石溜。所谓石溜，乃年复一年洪中大石经激流冲击而成，表面光滑异常。水量不足时，舟舸必须在有经验的稍水或相识的引航下方能通过，否则一经触碰，常舟毁人亡，所以漕船到此处必祷于神，希望神灵庇佑。

百步洪（徐州洪）遗址

出于军事或漕运的需要，西晋以来历代政府对二洪多有治理。北宋时通济渠（汴渠）日渐繁忙，哲宗元祐四年（1089），京东转运使整治二洪，“漕始利矣”。元时汴渠淤废不通，至元二十一年（1284）修徐邳沿河纤道、桥梁以运漕；两年后又遣员驻吕梁、徐州洪，监督运船过洪。此后二洪趋于繁忙。

明成祖迁都北京，急于获取东南财赋，每年除约四百万石的漕粮，还有大量土宜、贡品经二洪北上京师，每年漕船千艘万舸，昼夜无息。为使漕运咽喉通畅，陈瑄在汲取前人经验的基础上，于二洪多加治理。陈瑄治理二洪，主要采用了凿石与筑闸法。永乐十二年（1414），因洪中恶石多坏舟楫，陈瑄决定去之以平水怒。这一提议遭到工部尚书宋礼的反对，宋认为二洪以黄河为水源，河水多泥，留此石可以激泥先下，澄浊为清，如凿之，泥沙淤垫，易造成河道浅涩。而陈瑄则坚持洪中巨石对漕船危害甚大，特别是吕梁洪中的大石溜，即便有纤夫牵挽躲避，一经触之仍不免舟毁倾覆、漕粮漂溺，船夫、运卒更有性命之忧。陈瑄不为宋礼所阻，待洪中水干涸时，率人凿去恶石多块，并导水中流。同年，陈瑄在吕梁洪的上洪口处设闸一座，并凿二洪以便行漕。舟楫行至此处较前流畅，舟毁人亡的事故减少很多，加之北段会通河重浚在即，这便促使明政府于第二年罢海运、行内河水运。此后管洪官吏也多采用凿石法，湍急的水势得到一定缓解，不过险峻的形势仍未根除。

永乐十六年（1418），陈瑄复置吕梁洪上下二闸，其中上闸在洪北，下闸在洪南，这是仿效宋元祐间的置闸方法。宋元祐四年（1089），京东转运司建议，徐州吕梁、百步两洪，湍浅险恶，多坏舟楫，若开修月河石堤，上下置闸，以时启闭，通放舟船，实为长利。二洪月河即开于此时，并设上下二闸。陈瑄在宋人的旧址上建两闸，启闭调节洪中水量。永乐十七年，朝廷派镇远侯顾兴祖巡视吕梁洪；十九年又遣侯、伯各两人分理徐州、吕梁二洪。随后进一步加强对二洪的治理，特设徐

吕梁凤冠山，山下即古代吕梁洪

州洪工部分司与吕梁洪工部分司监理，几乎每年都要大兴挑浚。宣德七年（1432），陈瑄提出吕梁上洪地陡水急，漕舟难行，请求于旧洪西岸别置一渠。获准后，他发动民众在原吕梁上洪西开梁渠，渠深二丈，宽五丈有余，夏秋有水，可以行舟。为更好地调节水量，七月，陈瑄拟将水渠凿深，兼以置两石闸来控制水流，朝廷命令附近的军卫以及山东布政司发民夫等协助修凿。修成后，启闭以节水，往来就基本上没有什么忧患了。正统七年（1442），汤节在徐州洪的上流筑堰一座，逼水入月河，并在月河的南口建闸蓄水，弃用陈瑄所建之闸。而先年在吕梁的闸座，至正统十年时，因水势激险如故，几乎没有船只往来，形同虚设，后拆除移为金沟上闸，亦废弃。

陈瑄在徐州、吕梁二洪处先后建闸三座，虽可蓄水接济，然而本处滩险、水急的老毛病未从根本上得到改变，三闸并未在较长的时期内发挥作用，最迟至正统间就弃之不用了。另外，凿石法也没有彻底消除此段河道的惊险，反倒是有人认为正是洪中乱石的去除加剧了泥沙的沉淀，万历间有人指责二洪的湮废完全归结于陈瑄的凿石行为。从黄河的变迁过程来看，此言大为不公，

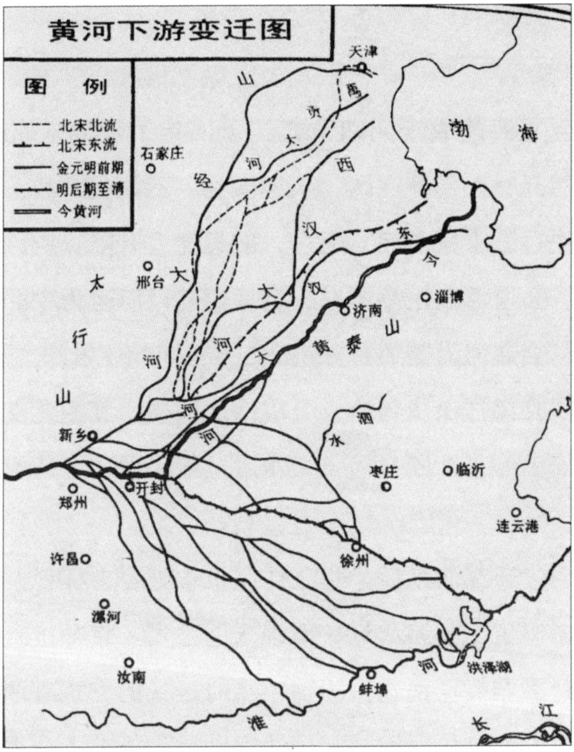

黄河下游变迁图（《椿庐史地论稿》）

陈瑄治理的二洪至少在正统之前对漕运畅通发挥了重要作用。明中后期，泥沙含量大，且善徙、善决的黄河，屡次泛滥成灾，破坏运道，徐州段运河也遭受了池鱼之灾，这才是二洪被废弃的根本原因。

重开会通河

会通河建成于元朝至元二十四年（1287）三月，河道初开时，不甚深阔，水亦微细，不能负重载，只许载重一百五十料的船只通过，航运能力有限，所以终元之世，会通河利用率不高，漕运仍然以海运为主。明朝初年，会通河尚能通行。洪武二十四年（1391），黄河在原武县黑洋山决口后，分成南北两支，其中北支流在济宁安山一带冲断运河，大水漫过安山湖，会通河逐渐淤塞。

明代迁都北京后，华北地区虽本处岁有征税及屯田子粒，以黄河一路漕运，但远未能敷用。京师粮食供应紧张，需调拨江南物资为辅。当时运粮的方式有两种，一是由淮河进入运河，至阳武后陆运一百七十余里抵达卫辉，由卫河转输北京，艰辛费时；另一条是走海路，但海运风涛不测，盗贼出没，剽劫覆亡相因而至，倭寇的猖狂也加重了海运的风险。朝廷决定避开二者走内河，于是重新打通会通河就成为大运河通航的关键。

永乐初，屡有朝臣上奏请重开会通河；九年（1411），济宁同知潘书正建言，会通河道四百五十余

小贴士：会通河

即山东临清会通镇以南到徐州茶城（或夏镇）以北的一段运河，是南北大运河的关键河段。1289年，元世祖下令开凿会通河，起自东平路安山西南，至临清抵达御河，全长二百五十多里，建闸门三十一道。明成祖为解决迁都后的北京用粮问题，于1411年命工部尚书宋礼负责，征发山东、徐州、应天（南京）、镇江等地三十万民夫施工，改进分水枢纽、疏浚运道、整顿坝闸、增建水柜，后又将汶水引到南旺分流，并在河床上建南北两坝闸，以便更有效地控制水量，大体上南流三分，南会泗水，北流七分，注入御河。会通河开通后，山东的济宁、东平、东昌、临清等城市逐渐崛起为重要的工商业城市。会通河在地理上把华北、中原与江淮等几个文化重心区域联为一体，极大地促进了整个运河区域经济文化事业的蓬勃发展。

里，其淤塞者三分之一，浚而通之，不但是山东之民免转输之劳，对国家来说也是无穷之利。成祖命令工部尚书宋礼、刑部侍郎金纯以及都督周长勘视，三人认为此计可行，同年二月会通河工程开工，十三年（1415）结束，整个工程由工部尚书宋礼主持，而陈瑄在寻找水源、筑湖泊水柜、添置闸门等方面也做了很多协助工作。

会通河重浚后，面临着水源缺乏、来水季节不匀、丰枯不稳的问题，特别是济宁南旺一带，号称运河水脊，落差悬殊，难以保障合适的水量，船只通航艰难。为补充水源，陈瑄经勘察后发现鲁中山地属岩溶地貌，这种地貌易形成地表水渗透，地下水储藏丰富，常在山麓地带涌出而形成大泉。永乐十七年（1419），在陈瑄的提议下大力开发山中泉水，疏导并汇入汶水，以接济会通河水量。因汶、泗河水具有季节性，相对而言，山中泉水更加稳定，此后每隔数年朝廷便会查访泉源并加以疏浚。

山东段河道多浅涩，朝廷甚为重视这一段的治理。永乐初，陈瑄以漕运总兵官兼理河道事，因为不能于每处河段亲临为之，遇有河道或泉水不通，陈瑄会请求设官监察治理。永乐二十年（1422），工部主事顾大奇于宁阳置分司管理泉源。当年降水量少，泉水不足，运道浅阻。第二年，陈瑄请派顾大奇等人遍历山川，疏浚泉源接济漕运。宣德四年（1429），陈瑄又奏请官吏浚通徂徕等山泉源所在的湖塘，以调蓄济运。在济宁长沟至

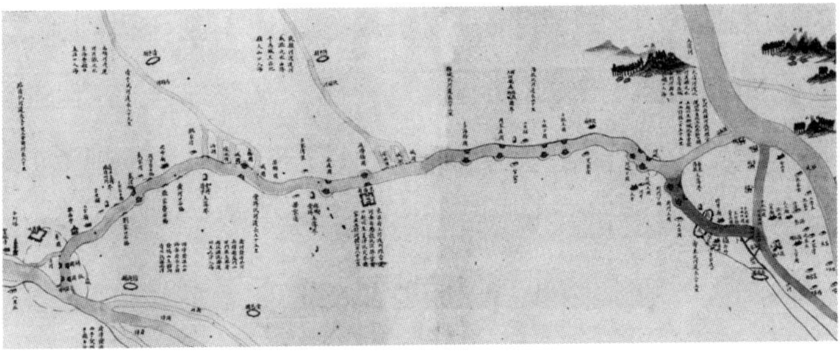

山东运河全图（临清至张秋段）

枣林闸段，一开始朝廷专门命令侍郎蔺芳及山东三司前往督视，漕艘往来无阻。后来朝廷不再派朝臣，布政司也不再派遣官吏，只有都司按察司监管，治理无方，河道常淤浅。陈瑄奏请遣官如故，专职治理河道，不要参与其他事务。又有临清至安山河道，宣德后因缺少官员坐镇，水流多未入河济运，春夏水浅船只难行。陈瑄建议派遣官吏修治河道，疏捞浅阻，遇水小时于金龙口堰水入河，下注临清以便漕运。

山东一带的运河以南旺为水脊，地势中间高两端低，船行其间需建闸分段节水，方能通行。又因山东多泉，境内全依靠众泉灌注、微山诸湖以济漕运，然而诸泉之水浚则流，不浚则伏；雨则盛，不雨则微。如果没有闸座以时蓄泄，那么河道的干涸随时会出现。朝廷在前代建闸的基础上，除修复旧闸外，还不断添设新闸，以时启闭通运。计明重开会通河时，从济宁至临清设闸十七座，济宁至沽头设二十一座。陈瑄在此段建闸不多，其中有史可考者为临清南板闸，建于永乐十五年（1417），在临清州治西南六里三百七十三步。临清位于运河与卫河交汇处，卫河水位高而运河水位低，板闸放船较他闸为难。板闸放船之时，砖闸多下板块，不使水势下泄，直至塘内浅阻不能出口，然后亮砖闸板一块或二块，以接济之。然又不可待其既浅而后亮板，则粮船一时恐难行动，顺于将浅之时即行亮板，如放二十只后始浅，则放至十五只时即行亮板，那么水量就足以接济到底不至于搁浅了。宣德七年（1432），将此板闸改为石闸。后来部分船闸因年久淤平，有的仅露闸面，有的没入泥底，而闸口之泥深浅不一，为此宣德六年陈瑄奏言，自仪真至通州闸坝或时损坏，泉流或时壅塞，请于济宁置都水司设官吏，而缘河州县依浙江治水之例，选派官员专掌其事；再则委派在京堂上官两员总督其事，以时役民修筑闸坝，浚导水源，不必琐碎上报。宣宗曾派侍郎王佐前往淮安与陈瑄及尚书黄福计议是否可行，可惜后来没有了下文。

会通河段多淤塞，明代早期实行三年两挑，头年正月动工，三月事毕。需挑浚处设浅铺，浅铺或称“浅”，是明清时期在京杭运河沿岸挖浅的地点或组织。“浅”名最早出现于元代，至明初陈瑄发扬光大，由于河沙凝散不一，中多涨滩，舟一胶则其害甚广，所以陈瑄建议凡漕路浅处立有铺，中置浅。根据河道本身情况，“大抵水势迥异，而治法亦各有缓急之殊”，各段设置浅铺的数量也不一。如会通河及其北段，不仅水源紧张，流沙淤积也比较严重，自济宁至通州最多时曾设立了一百九十九处浅。浅中有夫，名为“浅夫”，巡视堤岸、树木，招呼运船，使不胶于滩沙；遇修堤浚河，聚而役之，又禁捕盗贼；等候船至则预备示之，且障水防风火，供运官之起坐，而便于提督。浅铺只是一种临时性组织，虽能导航、捞浅、巡视堤岸，若要保证运河的畅通，还需结合建闸坝等其他措施。宣德四年，陈瑄上奏，自徐州济宁河水多浅，转运甚难，遣官巡视谢沟胡陵城八里湾南阳浅，及东昌梁家乡浅、师家庄仲家浅，都应当置闸。宣宗从其请，先后建之。会通河如同人的咽喉，一日食不下咽，就会马上有死亡之祸，经过宋礼、陈瑄二人的悉心治理，从徐州至临清近九百里，过浅船约万艘，载约四百石，粮约四百万石，畅行无阻。会通河全线畅通，大明朝终于下定决心，停罢海运，改行内河漕运。

第四章　漕运元勋

靖难之役后，陈瑄被委任为漕运总兵官，掌管漕运事务。他二十余次督运漕粮运抵北京，并在漕运实践中改革运法，严格管理漕军，将临时性的漕运总兵官演化为有固定职掌、有驻地、有属员的体制化流官。其漕运制度创设，直接被清人承袭。陈瑄可谓一代漕运元勋。

督运先锋

陈瑄的漕运功绩首先表现为以漕运总兵官的身份，率领舟师二十余次成功地运粮至北京。我们可以从《明太宗实录》中找到部分相关史料：

永乐元年三月戊子，命江平伯陈瑄及前军都督佥事宣信俱充总兵官，各帅舟师海运粮饷，瑄往辽东，信往北京。

永乐二年三月壬寅、三年春二月甲申，命平江伯陈

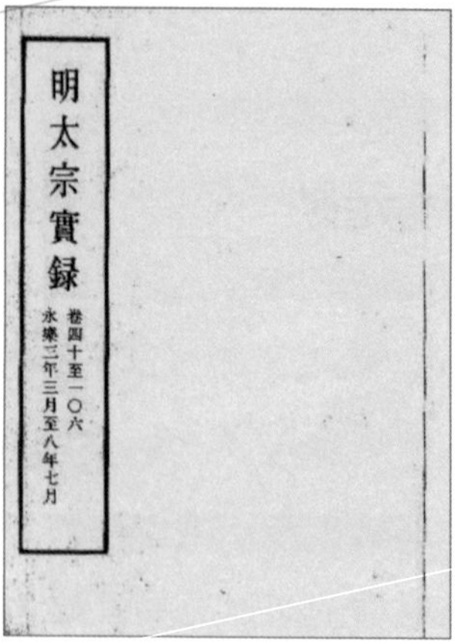

《明太宗实录》书影

瑄充总兵官，前军都督佥事宣信充副总兵，帅舟师海运粮储往北京。

永乐四年六月丁亥，命平江伯陈瑄督海运诣天津卫。

永乐五年春正月壬戌，命平江伯陈瑄、都督宣信总督海运粮储。

永乐六年二月己酉、七年正月甲子、七年十二月甲寅、九年三月丙戌、十年二月庚午、十一年二月乙卯、十一年十二月丙辰，连续七次命平江伯陈瑄充总兵官，前军都督佥事宣信充副总兵，帅舟师海道运粮赴北京。

永乐十四年正月戊午，敕平江伯陈瑄、都督陈恭、谢芳率领舟师儹运粮储赴北京。

永乐十五年春正月壬子，命平江伯陈瑄充总兵官，率领官军儹运粮储，并提督沿河运木赴北京。

永乐十五年十二月丁酉、十七年春正月乙亥、十八年春正月乙丑、十九年春正月己卯、二十年春二月乙未、二十一年春正月丁未、二十二年春正月癸巳，又命平江伯陈瑄七次充总兵官，率领舟师漕运粮储赴北京。

从以上史料看出，朱棣在位二十二年，陈瑄以漕运总兵官的身份督漕二十一次。这其中，永乐七年、十一年、十五年分春、冬两季，每岁两次运粮至北京；永乐八年、十二年、十三年、十六年则阙如，无督漕记载。究其原因，永乐八年、十二年，朱棣进行了两次大规模的北征活动，需要提前一年将粮饷准备好；永乐十三年，陈瑄主持开凿清江浦；永乐十六年，陈瑄组织民夫浚通徐州至济宁的运河，无暇前往督漕前线。从运输路径来看，永乐十三年之前以海运或海陆兼用为主，其后则为运河儹运，这正好与大运河南北贯通的进程一致。

仁宣之时，陈瑄亲率舟师儹运粮储的次数只有三次，比起此前大为降低，朝廷体谅日渐衰老的功勋老臣，不愿让其再受江湖之苦，陈瑄的精力逐渐转向漕运制度建设与运道疏通工作上。

改革运法

为更好地输送漕粮，明朝廷先后两次改变运粮法，可概括为三变："初支运，次兑运、支运相参，至支运悉变为长运而制定。”

永乐十三年（1415）会通河重浚成功，运河全线畅通，海运随之罢除，南方漕粮采用支运之法，一概由运河北运京师。当时淮安、徐州、临清、德州各有仓储，江西、湖广、浙江民运粮至淮安仓，分遣官军就近挽运。自淮安至徐州以浙、直（隶）军，自徐州至德州以京卫军（南北二京卫所官军），自德州至通州以山东、河南军。以次递运，岁凡四次，可三百余万石。概言之，江南民户将漕粮运至指定的淮安仓后，不必北上京师，交由官军递运即可。因朝廷不时有“折色”“蠲

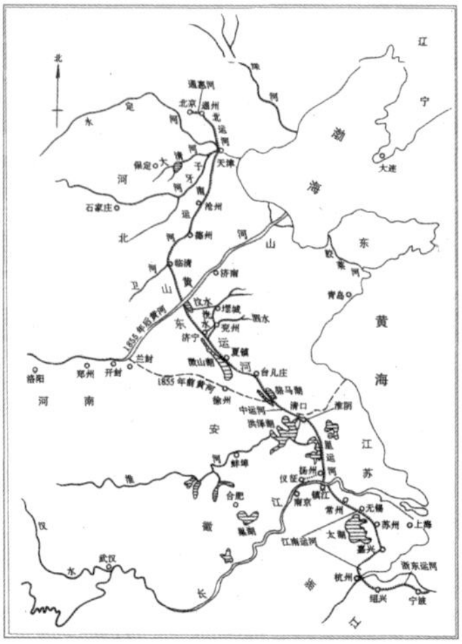

明代大运河图（《舟楫往来通南北——中国大运河》）

免”或“改折”之米，在能保证漕运常额的前提下，官军从各粮仓支运的粮饷，不一定是当年入仓的漕粮，亦非必然由官军支运，可以根据整体情况而定。

支运法初行时具有一定优势，承担支运法的民户或者出粮不出人，或者出人不出粮，较为灵活机动；朝廷“期不失常额而止”，可根据实际情况变更运粮数额，还可避免漕米积压腐坏。军队的参与，标志着明代的内河漕运由民运向军运过渡。天长日久，支运运粮法的不利之处渐渐凸显，最为明显处就是运力的紧张。明初运军的任务较为庞杂，除却基本的运粮事务外，大至营造宫殿、寝陵等工程，小至修补王府房屋，远到郑和下西洋，均不乏运卒的参与。甚至永乐十七年（1419）营建北京城，有司还提请调用运粮军士赴北京营建，粮米改由民户自输，只因成祖否定，此事方才作罢。调拨运卒的直接后果就是岁用粮储需由各处粮户自输北京，百姓跋涉之苦更不在话下，江西、湖广、浙江等百姓运粮北上途中，需要自备衣粮盘费，并涉历江湖，过闸过坝，盘滩剥浅，辛苦万状。或不幸又有遭风覆没之虞，四五个月不得到京。及至到京或遇阴雨不得晒晾，动辄守候一两个月不能进仓。如果遇到各衙门忠诚为国知民艰苦的官员，还可以随即照数收受，出给关单粮纳受福；如果遇到惟利是嗜不知民难的官员，则会百般刁蹬，任意需索，捉斛较量，冲撒在地者皆不作数，或百十石，或五七十石，一例折算，照数添补，以致借债赔补，破产还债。更为严重的是，劳力每年往返于运河上，经年往复在路送纳上年粮米，及至归家，下年秋粮又该起程了，以此不得及时耕种。民众运粮因为不谙河道，多有延迟至京，不但京师用粮有捉襟见肘之嫌，明王朝的经济也出现恶化的趋势，因此改变支运之法势在必行。

由支运到兑运，期间经过了几次反复。先是永乐二十一年（1423），陈瑄上奏每年的漕粮运到通州后，如果全部输往京仓的话，还要再陆行往返八十余里，不免延误，而官军一年可以运送三次，据此，陈瑄提议如果其中的两次运赴京仓，一次运贮通州仓，会较为方便。时任皇太子的朱高炽同意。时隔一年，为减轻支运法最大的病症即运粮民众的压力，陈瑄在“上言七事”

石坝漕粮验收图（局部）

中，请求朝廷允许湖广、浙江、江西三布政司及直隶苏松等距离北京较远的百姓，就近在淮安、徐州等处交纳，再让官军接运至北京。陈瑄认为这样一来民力可以复苏，而且不妨碍农务。然而不久官军多被调离，运粮的沉重劳役还是落在了农民肩上，支运法未从根本上改变局面。

宣德四年（1429）夏四月，宣宗“以军民每岁漕运劳苦，欲少苏其力，使岁运不乏”，命令行在工部尚书黄福与总兵官陈瑄计议，“凡民间所运税粮当于何处置仓收贮，令官军转运；或不必置仓，令军民输运如旧，务处置得宜，使公私两便”，并派工部尚书黄福前往淮安与陈瑄一起计议漕运改革事宜。六月，陈瑄与黄福总结管理漕运得失，提出，今淮、徐、临清仓廒犹存，宜令江西、湖广、浙江之民，运粮一百五十万石贮于淮安仓；苏松、宁国、池、庐、安庆、广德民运粮二百五十万石贮于徐州仓；应天、镇江、常州、太平、淮安、扬州、凤阳及和、徐三州民，运粮一百五十万石贮于临清仓；山东、河南、北直隶府州县粮，俱令运赴北京仓为便。即除山东、河南与北直隶需径赴京仓外，其余各府州县之民粮可以就近入仓。如此一来，官军的运量大增。为缓解运粮船只的紧张，陈瑄又“请以明年（1430）为始，量地远近与粮多寡，如淮安上粮民船十抽其一，徐州十三抽一，临清十五抽一，给与官军，兼旧船运载”。群臣商议后，认为除淮安仓收贮，及河南山东北京郡县粮如陈瑄所言外，总计徐州仓可增粮二十四万石，临清仓可增七十余万石，并在抽调民船的建议上，进一步计划“其官军差遣者，令各卫揆补。并预定空间仓廒，增置都斛。江南民船量地远近抽摘，及浚河修闸，俱请依瑄所奏”。宣宗采纳了这个奏议，这实际上是恢复了支运法。

支运法恢复没多久，陈瑄经过实地勘察，了解到支运法的另一弊端——运输能力存在浪费。这是因为在江南民户将粮米运至指定的淮安、徐州、临清等仓交纳时，湖广、江西、浙江以及苏松、安庆等地官军要驾驶空船赴淮安运粮，过清江闸空舟赴淮，既浪费了运力，官船、民

淮安清江闸

小贴士：清江闸

又称清江大闸，位于中国运河之都——江苏省淮安市，始建于明朝初年。清江闸用于控制里运河的流量和调节水位，以缓解湍急的河水，使漕船顺利通过。清江闸是漕粮所必经之咽喉要道，每当运粮季节，万艘漕船和十二万漕军帆樯衔尾，绵亘数里，蔚为壮观，有“南北襟喉”之称。清江闸由正闸和越闸两部分组成，正闸用黑麻石（玄武岩）长方条石和煮熟的糯米浆拌石灰做黏合剂砌成，宽七米许；越闸闸身矮、闸门略窄。正闸桥面原是可启闭拉动的木桥，越闸是固定的木桥，现在均是钢筋水泥桥。正闸的前后均有闸塘，迎水的上水闸塘小，出水的下水闸塘大。清江闸是大运河上仅存的维护得最好的一座古闸，是世界文化遗产——中国大运河的一处重要遗产点。

船川流于江河上，又易造成运道的拥堵，而南直隶等地人民因运途遥远，负担依旧沉重。宣德六年（1431），江南巡抚周忱向陈瑄提出兑运的主张，主要措施有：江南漕粮由民运至淮安或瓜洲水次交兑给运军后，由后者运抵通州；运往淮安的漕粮，每石加米五斗，运往瓜洲者则多加五升，作为补偿运军的路费耗米；驻扎在江南各地的运卒及南京军未过江者，就近交兑，另加过江米二斗，衬垫芦席折米五合。六月，陈瑄在此基础上上奏，若令江南民粮对拨附近卫所，官军运载至京，仍令户运官会计给与路费耗米，则军民两便。因为不确定对于军民是否真的便利，宣帝派遣户部侍郎王佐前往淮安与陈瑄、黄福再行商议。九月，王佐上奏以为可行。两个月后，群臣讨论后一致认为其法实便，吏部尚书蹇义等旋即制定了《官军兑运民粮加耗则例》，具体内容有，“兑运以地远近为差，每石湖广八斗，江西、浙江七斗，南直隶六斗，北直隶五斗。民有运至淮安兑与军运者，止加四斗。如有兑运不尽，令民运赴原定官仓交纳。不愿兑者，听自运。官军补数不及，仍于扬州卫所备倭官军内摘拨。其宣德六年以前军告漂流运纳不足者，不为常例。许将粟米、黑、黄豆、小麦抵斗”。至此，兑运终于取代支运，完成了明代运法的第一次变革。在当时的历史条件下，兑运法算是一种比较完善的漕运方式。对于百姓而言，虽然要交纳一定的耗米，但实际承担的赋税相对减少，运粮户从繁重危险的漕运中得到解脱，减轻了负担，可以安心于田亩，这对江南经济的发展非常有利。对于运军来说，避免了空舟驾赴淮安等仓运米，既节省了运力，还有加耗米，“又给轻赍银为洪闸盘拨之费，且得附载他物，皆乐从事”，运丁恶劣的经济状况在一定程度上能够得到改善。可以说，兑运法堪称“军民两便”。

但兑运法也存有弊端。首先是加耗的问题。最初的支运法只是以运、纳借之民力，无耗米加之，兑运法中的加耗一项，便成了百姓的又一负担。军士与百姓兑米，往往会恃强勒索，多加耗米。兑运法虽然使得部分百姓避免了长途跋涉漕运之苦，然而应天、苏、松等处税粮仍有不少要通过民运至瓜洲、淮安兑与运军，这些地方的农民仍未完全从漕运中解脱出来。尤其值得一提的是，不论实行支运还是兑运，抑或后来的长运，供宫廷、贵族食用的白粮一项都要由粮户亲自运送至京师。所以白粮运户的重担始终未减。如果军队有调遣，除白粮外的运输任务还要由粮户完成，人民的沉重劳役没有从根本上得到改变。所以，改兑运法后，支运也没有废除，即“支运、兑运”相参。像正统初年，总运粮四百五十万石，其中兑运者占二百八十万余石，淮、徐、临、德四仓支运者占十分之三四。成化八年（1472）定年运额为四百万石后，兑运粮为三百三十万

验粮楼

石，由支运改兑者为七十万石。可见，这一时期的漕运特点是兑运数额占多数，支运数略少。

至成化十一年（1475），运法几乎悉数变为改兑，而官军长运也成了定制。从推行过程来看，我们不难发现，长运法可以概括为由运军直接前往江南各水次仓交兑，然后经由运河输往京师，百姓一般不再承担长途输送，只需在兑与官军时，在原有的加耗之外，每石加米一斗，以为渡江费用。虽然实行长运后，个别地方仍有“交兑不尽，民运赴四仓”的情况，但从整体而言，军运代替民运是明代漕运的趋势。

从支运到兑运再至长运，明王朝完成了民运——半官半民——官军长运的进程，继明而兴的大清帝国继承了军人长运的传统。其中，陈瑄提出的兑运法，在整个漕运历史进程中起到了承上启下的衔接作用，在漕运史中占有重要的地位。

管理运军

明代的漕运者，从身份上看可以分为职业运军和民夫。初期只有海运官军，其余皆为民运。至永乐时，军人已成为运输的主要力量。明宪宗后，除少部分供宫廷、贵族食用的白粮仍由民户输送外，绝大多数的漕运任务都要由运军来完成。明代漕运采用军事建制，运军选自卫所军户，主要由卫所中的正军组成，有寓兵于漕之意。明代运军人数约为十二万人，分属一百一十个卫所，分别置于各有漕地区。运军处于社会下层，他们劳动强度大、时间长，大致在每年十二月份前去各水次接收漕粮，待运至指定地点回到军营，往往已是次年的九、十月份，无一日不在运中。及至归家，又有他役，终年不得休整。为此，陈瑄在“上言七事”中请求成祖能“禁约各卫所运粮军士归者，不得别有役使”。仁宗认为其言属实，令所司速行禁止，然而役使运军终归不断。至宣德六年（1431）朝廷下令，漕运官军别无调遣，至此运军才真正只是运粮。

明代运军收入十分微薄。初期他们并未完全脱离屯田生产，在交完屯地的子粒税后，每月可有一石米作为饷粮。随着运输的繁忙，漕军渐无暇顾及农事，朝廷便在一石“月粮”外，每年增加三石六斗的“行粮”，以及一些“赏钞”和布匹棉花等。然而就是这些勉强维持全家生计的俸粮，不仅要经受种种惩罚、勒索和缴纳盘剥过洪、过闸诸般费用，所余还会拖欠。宣德六年，陈瑄上奏催发饷银道，宣德三年应赏运粮官军钞未给，请俟明年春运粮至京给之。仁宗说，运军一年勤苦，赏以酬劳，岂可等到明年？遂令淮安山东德州等处，官军所收钞多，如例支给。运军的艰辛有目共睹，为增加其收入，仁宗曾敕陈瑄曰：“官军运粮，远道劳勤，寒暑暴露，昼夜不息。既有盘浅之费，而粮米耗折，所司又责赔偿，人情难堪。洪武中有令许运粮官船内附载己物以备私用，今后准此令，官府无碍阻当。”

明代运军人数众多，《明史》记载其数量在十二万左右，但明初运军的实际数量常低于此数。因除输送正粮外，运军常被调拨他用。如洪熙元年（1425），朝廷营建山陵，敕陈瑄发运粮军五万人助役；时隔半年，因修长陵殿宇人力不足，又请于陈瑄运粮官军内借一万人助工；并南京及直隶卫所运粮官军，递年选下西洋及进交趾，分调北京，通计两万人。由此可见明初的运军大多数时候实际不足十二万人。加之运军生活艰辛，军士多有逃亡，所以，陈瑄管理漕军时最难者当属运力不足。为此，他多次上言请求停调或补足运卒，特别是挑选精壮、老成之士补充。例如宣德五年，水军右卫等官军中多有选下西洋，后无军拨补，当年江南民粮止运于淮、徐、临清三处，却令官军运赴北京，比之上年须增儹运以足岁用。陈瑄乞以南京并湖广、江西、浙江及直隶卫所附近府县，清出远年迷失旗军，见在寄留操备者，选其精壮补数。宣宗从其请。在军中，陈瑄亦力求选拔能干之人管束运军，凡军多卫，分选举指挥二员，军少者一员，其千百户皆选能干之人，一并委任之。各卫远近不一，为节省运力，如湖广都司瞿塘、衡州、九溪、永州、永定、茶陵、长宁、夷陵、直隶、宁山、潼关、汝宁等卫所官军，每岁以路远来迟，有误运粮，陈瑄请以湖广武昌及河南宣武等卫所，清出寄操旗军代之。其湖广瞿塘等卫运粮官军，止令专于本

漕军拉纤图

小贴士：艰苦的古代漕粮运输

漕粮运行中，运输者承担着驾船挽舟的具体工作，其劳动强度大，危险性强，持续时间长。同时，他们还受到押漕官吏的严厉监管和管束，如有损失还承担着沉重的赔负。一艘漕船大约有五百石左右的货物，仅由十名船工运送。除留一二人撑篙掌舵外，其余的八九人大都要在岸上用纤绳挽船。明人记载，漕船行至镇江水道，常须三四百人挽拽，漕船“方得出闸”，进入长江。遇到湍急的逆流时，漕船须“三四百人行泥淖中，多至陷没，有挽拽之苦”。今天苏北运河沿岸还保留了一些古代纤道石柱，由于纤绳的长期勒磨，坚硬的石柱留下了一道道深深的凹痕。在顺风顺流时，运输者可以扯起风帆，凭借大自然的力量行进，“长风驾舟似走马”，但这样的情景毕竟太有限了。

处采木，每年一送至淮安造船，如此一来可以大大节省运力。

陈瑄对于军士的要求比较严格，早在海运时，为防倭寇袭扰，他就规定天津卫所海舟必约日同登，不得先后。有一次三十余艘粮船违约五日方行，虽同日到达，陈认为亦应问罪各舟所属运官，以戒后来。后因成祖念及“海运甚艰，其功可以赎过”而作罢。又宣德四年，指挥王成及千百户等官漕运违期，输运漕粮数额不足，陈瑄上奏请求朝廷治罪。虽然皇帝多数会以“漕运甚艰”，轻罪官军，但陈瑄的严格要求，迫使军士不敢轻易有犯，于漕运助益良多。

体制化漕运总兵官

从专门史角度来说，陈瑄给后世留下了一笔很大的遗产，即体制化的漕运总兵官制度。明代对于漕运职官的设置极为慎重，洪武十四年罢设京畿都漕运司，再无总管漕运的专门机构。漕运由户部兼领，户部之下设民、度、金、仓四科，其中仓科主漕运、军粮出纳科粮，属于漕运的中央兼管部门。此外，户部设十三清吏司，分掌各布政司政事，每司又兼领部分专业业务，漕运及仓储则归十三司中的云南司兼管。需要指出的是，这些机构只负责漕粮调度与仓储工作，至于征收与转运，则不在其本职范围。

永乐年间，漕运大兴，朝廷逐渐意识到需要一个职权明确的部门统揽事权。永乐五年，礼部官员商议北京军饷事，认为屯田与黄河漕运不敷足用，“北京合用粮饷，虽本处岁有征税及屯田子粒，并黄河一路漕运，然未能周急”，只有海运才能满足需求，但“见在海船数少，每岁装运不过五六十万石，且未设衙门专领，事不归一”，解决办法是“于苏州之太仓专设海道都漕运使司，设左右转运使各一员，从二品；同知二员，从三品；副使四员，从四品；经历司照磨所品级官吏，俱照布政司例。本司堂上官于文武中择公勤廉干者，以充其职，行移与布政司同各处卫所。见有海船并出海官军，俱属提调，以时点检，如法整治”。海运无专门管理机构的弊端为群臣熟知，廷议于海运起点苏州太仓，设海道都漕运使司，最高长官从二品，高于洪武间都漕运使的正四品，各地布政司、卫所也要受其节制。

如果这个办法能顺利施行，洪武间的漕运衙门将重现于世。然而，“奏上太宗，有再议之旨，遂不行”。为何反对意见巨大？《万历野获编》云：“既上太宗，如议行矣。又有言不便者，乃命再议，事遂中止。”到底有何不便，可惜史册不载。沈德符随后评价让我们看出某些端倪：“乃知海运一事，先朝未常一日不讲究。

小贴士：《万历野获编》

明代笔记之一，作者沈德符（1578—1642）。该书记述起于明初，书中所载多万历年间事。由于作者功名不就，因而书名寓“野之所获”之意。该书内容包括明代典章制度、人物事件、典故遗闻、阶级斗争、统治阶级内部纷争、民族关系、对外关系、山川风物、经史子集、工艺技术、释道宗教、神仙鬼怪等诸多方面，尤详于明朝的典章制度和典故遗闻。书中所记大都博求本末，收其是而芟其伪，常者固加详而异者不加略，内容翔实，尤其是世宗、神宗两朝的掌故，最为详赡，在明代笔记中是上乘之作，是研究明代历史的重要史料。

后世习于便安，不复议及。即间有建白者，多旁訾掣其肘。盖虑始甚难，小有蹉跌，罪及首事。”沈氏一语道破了明代官场上的一大陋习，不作为则无过错，有作为则有过错，“小有蹉跌，罪及首事”，一旦海运衙门小有过错，即殃及首倡之人。此外，太祖取消了都漕运司，此时重设则有违背祖制之嫌，这是永乐年间群臣不能承受之重。

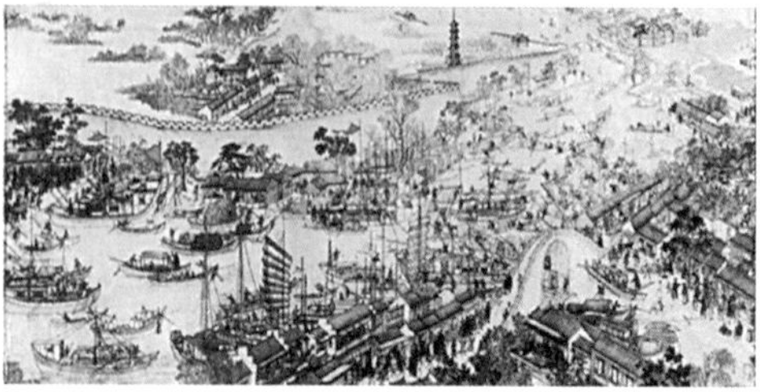

漕运图

大运河南北畅通后，河运成为主流，漕粮转运、仓储迫切需要一个能统揽事权的组织者。永乐元年（1403）三月，陈瑄授职漕运总兵官。明代总兵官乃战时军队最高首领，但兵兴则授，事结则收，故总兵官属于临时差遣，无品级，无定员，多由勋臣或五军都督充任。陈瑄充任漕运总兵官当然也是临时差遣，每年漕运返回，当回南京五军都督府交差。然而，陈瑄统帅漕兵达十二万之多，任漕运总兵官长达三十年之久，漕运已是陈瑄的毕生事业。时人陆容评述道，“永乐间，平江伯陈公瑄把总海运粮储，共一百万石。时未有总兵之名。直到永乐十三年，里河漕运多至五百万石，统领各处一百七十余卫。洪熙元年，始充总兵官督运，镇守淮安，此设总兵之始也”。陆容对陈瑄镇守淮安及挂漕运之印的记述，让我们看到了漕运总兵官体制化的趋势。陈瑄故去，漕运总兵官却没有消失，这无疑是漕运总兵官体制化的明证。

小贴士：五军都督府

明代官署名，是中军都督府、左军都督府、右军都督府、前军都督府、后军都督府五都督府的总称，是统领全国军队的最高军事机构，主要职责为领军作战、特派任务、管理屯田、掌管军籍、推选将领等。创设于元末朱元璋军队中，起初为大都督府，节制中外诸军事。至洪武十三年（1380），明太祖将大都督府一分为五，自此之后成为定制直到明亡。从其职能上看，由最初的掌天下兵马大权、主导国家军事建设的实权机构逐渐虚有其名；从任职人员上看，由功勋宿将位列其中，到掌府官员尸位素餐；从其与兵部的关系看，由以都督府为主，到两者之间相互牵制，再到兵部凌驾于五府之上成为国家军事的最高管理机构，这表明明代的军事领导体制一直沿着以部制府、以文制武的方向变化。

成祖不能重新设立都漕运使司，否则有违背祖制之嫌，于是设漕运总兵官，对漕运官僚体制稍做调整，这本质上是头痛医头、脚痛医脚的权宜之计，这样的案例在明代极为常见。黄仁宇曾指出，明代虽在前台倾向于尽力维持一套僵化的官僚体制，但也会因实际情况不得不加以适当的调整与控制，于是在后台进行适当变革，如额外增添一些临时性部门。这套政策导致了许多意料之外情况的发生，如职责分工不明、职务断裂、双套中央政府机构、机构重叠等弊端。此诚为确论。漕粮河运延续了开国以来的军事性质，漕运总兵官这个临时差遣的官职，被平江伯陈瑄长期独占，并渐而形成为一个长期性的、有固定职掌的“临时性”部门。

陈瑄故去后，其子孙世袭平江伯爵位，还兼领漕运总兵官，以致到了嘉靖年间，朝廷有漕运总兵原本就是世爵故物的错觉。时人回顾历代故事：“顷见台谏与部疏议漕运总兵，改用流官，不必沿推世爵。案此官旧制，流官世爵，原相兼并推，不待改也。”并举例说其乡贤刘玺、黄印，都是以卫官任至漕运总兵的，“黄与先大夫往还，余犹及见之，颇非辽远”。朝臣竟然以为漕运总兵官乃勋臣故物。作者慨叹道：“建议者不举此以闻于上，第云欲革世爵，改用流官，遂奉旨祖宗旧制，原用勋臣。不知兼用流官，正祖宗朝旧制也。”陈瑄对明代漕运职官制度建设的贡献，亦可略见一斑。

漕运总兵官任职前领制文、敕文各一道，制书明确其主要职责，“与同都指挥某率领舟师攒运粮储，赴京仓交纳，所统运粮官军悉听节制”。其他职掌还有“镇守淮安，抚辑军民，修治城池，遇有盗贼生发，随即将兵剿捕，如制奉行”。敕书一道，内容更为翔实：一是明确其本职工作，与指挥参将一起，节制漕运官兵，攒运粮储，赴京仓交纳，“攒运粮储，循守旧规，提督湖广等都司及直隶卫所官军，各照岁定兑支粮数，依期运至京仓交纳”。二是镇守淮安，抚安军民，修理城池，禁防盗贼。三是对于犯上作乱的官军和有司官员有节制大权，“运粮官军有犯，自指挥以下轻则听尔量情惩治，重则尔就拿送问刑衙门，或巡按、巡河御史问理，照例发落。都指挥有犯，具奏拿问。若刁泼军旗乘机诬告，对证涉虚者，治以重罪”，“凡有便于漕运有利于军民者，悉听尔便宜处置”。四是监管水利，“自通州至扬州一带水利，有当蓄泄者，严督该管官司并管河管洪郎中等官，设法用工筑塞疏浚”，陈瑄开清江浦，新开运道避徐州洪和吕梁洪之险，都是在行使监管水利之责。五是改革漕运旧规，多年前奏请创立的漕运规则，“行之岁久，不无废弛”，“尔今受兹重任，尤须尽心修举，凡百举措务合时宜，俾粮运无误，军民安妥，斯

明清漕运总督衙址

称委任”。

陈瑄莅任的漕运总兵官一职，堪称最高级别的驻京外官职之一。置漕运总督后，二者的地位可谓是此消彼长：初总兵高于总督，后总督盖过了总兵，二者此消彼长。初期漕运总兵官行之日久，威望高权力重，新设的总督难与之抗衡，在会议或相互拜见时，武职的漕运总兵官一直位于其上；向皇帝递交奏疏时，漕运总兵官的名字一般也在总督之前。从各自的官阶来看，漕运总兵官担任者多来自五军都督府的高级将领，大部分为一、二品。就任漕运总督的都督佥事、都御史为正二品，侍郎和副都御史为正三品，佥都御史是四品，品秩较前者稍低。此外，明朝建立伊始，武将地位普遍高于文官，“国初武事，俱寄之都指挥使司。其后设总兵，事权最重。先朝公侯伯专征者，皆列尚书之上”。明中叶以降，文官集团的权势逐渐加强，他们掌控大局，反映在漕政中也是如此。

陈瑄亲率舟师二十余次运粮至北京，本来节制漕运

小贴士：漕运总督

明清两代掌管漕运的最高官员。明景泰二年（1451）始设，总管漕运，督促南方各省经运河输送粮食至京师。明初，置京畿都漕运司，设漕运使，不久废。永乐年间置漕运总兵官，宣德年间又遣侍郎、都御史、少卿等官督漕运。景泰二年置漕运总督兼巡抚凤、扬、庐、淮四府，徐、和、滁三州，驻淮安，后曾分设巡抚，嘉靖四十年（1561）又归并，改总督漕运兼提督军务，后未再分。清沿置，所属有巡视漕务、督粮道、管粮同知、通判、押运通判等官。光绪三十一年（1905），因河道废弃而裁撤。漕运总督权位高权重，有亲辖武装部队，还有水师营。漕运总督衙门，称“总督漕运部院”，衙址设于江苏淮安。

官兵、攒运粮储之责，应部分归文官所有，“用御史，又用侍郎、都御史催督，郎中、员外分理，主事督兑，其制不一”，但平江伯依靠自身的威望和与日俱增的影响力，成功地将具有军事性质的漕运触角，延伸到本属于文官的职能范围，并将其体制化。台湾学者吴缉华评价道：“若以明代整个的转运工作来说，陈瑄却是一位卓越的人才。”赞扬陈瑄在海运和河运工作上的贡献，肯定其对明代漕运制度的创建之功及将临时派遣性的漕运总兵官体制化之绩。清代的漕运制度也大都承袭陈瑄的创设。由此论之，称赞陈瑄为明清时期的漕运元勋是一点都不过分的。

第五章　护漕神祇

陈瑄掌管漕运，不但有非凡的业绩，还从具体的实践中提出治国理政的“条陈七事”。陈瑄故去后，备受哀荣，其子孙袭爵，国家设祠堂进行祭祀，在明代官僚体系中堪称天下之望。正统以后，河道多败坏，漕运受阻，运河上下需要新的漕运信仰，加上对抗河道官员侵袭的需要，漕运体系官员开始神话陈瑄为护漕神祇。

条陈七事

陈瑄对于治国有着一番深刻的见解。永乐二十二年（1424），成祖病故，仁宗即位。当年九月，陈瑄呈上一份长达千字的奏章，讲述了治理国家需要注意的七件事项。

第一，重国本。陈瑄认为南北二京堪称国家根本，不可不深谋远虑，增兵严守。

小贴士：明代南北两京制

“两京”为南京和京师（即北京），两个都城各设一套中央机构，且多有相同之处，彼此独立，各不统署。两京制度的建立有着深刻的历史原因。朱元璋发迹于南方，因而1368年在应天府称帝，改名为京师。1421年明朝迁都北京，改北京为京师，同时复原南京的名号，保留了南京的都城地位，并保留了南京的中央机构，官员的级别也和京师相同。北京所在府为顺天府，南京所在府为应天府，合称二京府。不过，南京各机构设员较少，管辖范围也仅限于南京，权力小于北京。时人把南京官视为闲职，官员由北京调往南京，也往往是一种贬斥。明中期以后，党争激化，南京成为反对派的大本营，出现了对立的两党各据一京、互相贬斥、针锋相对的局面。

第二，择贤能。“庶民服田力穑以供赋税，军士披坚执锐以北战守，皆国家赤子，必得贤能之人，长之，则政事修明，人得其所然”。选贤之法一在推举，而推举不必拘于资格，所谓任人唯贤；还可从朝臣中挑选公正者分巡天下，考察百司政治得失，进廉能黜贪鄙。

第三，苏民力。此提议与陈瑄总理漕运、亲眼所见百姓运粮之艰辛有关。民众运粮有洪闸坝及浅冻之阻，往来几近一年，有误农作。他建议百姓运到距离较近的淮安、徐州等仓交纳，再由官军接运至北京。

第四，行学校。“建学校以育贤材（才），育贤才以备官使”。陈瑄发觉府州县的教员称职者少，生员没有专心治学，请求对其多加考劾，教职不称者，生员无成者黜之，可在杂职或军民中访举老成儒士补之。有鉴于军武人员文化程度偏低，陈瑄特别提出令军中子弟入学读书，习知礼法，以便日后官使得人。

第五，整军伍。明初征战不断，军士多有逃亡，长官若稍加私役，窜亡更甚。陈提议“都府兵部及都司卫所，时加清理劳疾者，令以子弟代役。窜亡者，令约期限追捕；户绝者，验实开豁”。

第六，谨边防。往年开平等处城不足兵，兵不足食，致使守卫不完固，而边防之要就在于足兵足食。陈瑄请求在武臣中选出有勇略者，授以精壮卫士，供足衣食和坚甲利器，使日操月习。军士有沃野者，令耕守兼务屯田自给，也可减轻漕运的压力。

第七，专漕运。陈瑄常年带兵漕运粮资，对于漕军

明仁宗朱高炽

的辛苦，体会颇深，上文言之颇详，此处不再赘述。

仁宗阅后下令嘉奖陈瑄。有朝臣不以为然，认为陈瑄所讲皆老生常谈，不足为奇。仁宗驳斥道，武臣能言及此，已是非常难得，况且现在都害怕出言获罪，更应对他加以奖掖，古人尚知千金买马骨，我这么做岂不是远超古人？其他朝臣不能言。“条陈七事”集中体现了陈瑄的治国理政思想，也标志着他由一名武将转变为对时政有深刻思考的能臣，也为后世神话陈瑄迈出了坚实的一步。

天下之望

陈瑄身后，子孙得以世袭平江伯之爵，可谓哀荣备至，世所艳羡。陈瑄的孙子及重孙陈豫、陈锐皆以功臣子孙继承了平江伯的爵位。陈锐子陈熊，嗣爵平江伯。陈熊无子，死后从子陈圭嗣爵。陈圭子陈王谟嗣爵，直至明亡。可以说，陈瑄家族的富贵与大明朝相始终。除

明宣宗御笔赏赐陈瑄画

了开国功臣和靖难诸臣，像陈瑄这样以开河和漕运实绩而泽被家族、爵位世袭的大臣在明代是极为罕见的。明代官修国史《明实录》在陈瑄故去后，详细记载了他的光辉一生：

平江伯陈瑄卒。瑄字彦纯，直隶庐州合肥县人。自少机警有智略、善骑射。初，随父官成都，以舍人参侍大将，屡试以事，甚见奖重。袭父职为成都右卫指挥同知，率所部兵。会云南兵讨小百夷，力战败贼。复讨番寇贾哈剌，主将使瑄将轻兵从间道袭贼砦，击破之，获其酋，械送京师。升四川行都司都指挥同知，寻升右军都督佥事。建文中命瑄总舟师江上防御。太宗皇帝举兵靖内难至江北，瑄以舟迎济，授奉天翊运宣力武臣，特进荣禄大夫柱国，封平江伯，食禄一千石，赐白金、钞币，追封其三世。永乐中岁董漕事。初，率舟师由海道运粮百万石以给北京及辽东，又建百万仓于直沽，筑天津城。四年归，至沙门岛遇倭寇，追剿至金州白山岛，后数备倭海上。十年，复领海运。十一年，筑通州捍海堤。时朝议以海运艰险，浚山东旧河通北京。瑄建议造平底浅舟以运，人便之，岁增运至三百万石；又建议于淮安城北开清江浦，由管家湖入鸭陈口以达清河，免度坝及风涛之患；又缘管家湖筑堤十余里，以蓄水益河，且便行者；于清江浦河上及徐州、临清、通州皆置仓受粮，以次转运；疏仪真瓜洲坝下渠，凿吕梁、徐州洪傍乱石；于刁阳湖、南望（旺）湖皆筑堤，缘河多置闸，以时闭泄，利舟楫。凡所经营，具有条理。洪熙初，言经国利民七事，曰：重基本、择贤良、苏民力、兴学校、整军伍、谨边备、定漕运。仁宗皇帝嘉之，降敕奖谕，赐钞币，令子孙世袭伯爵。至是有疾，上敕赐慰谕，遣名医往视。瑄自知不起，封上所授制命及漕运印，遂卒。讣闻，上悼惜之，辍视朝一日，追封平江侯，谥恭襄，赐祭，命有司治丧葬。

这段史料的底本来自《明实录》，载于杨士奇撰写的《平江伯追封平江侯谥恭襄陈公瑄神道碑铭》，略有削减。全文计五百三十四字，将陈瑄一生宦途经历从随父参军、靖难投北到海运御倭、督漕修河、建言献策等事迹逐一罗列，甚至患病治丧之事亦有详细记载，其笔触之细密，在《明实录》中并不多见，由此也可以看出当时朝廷对陈瑄的高度认可。

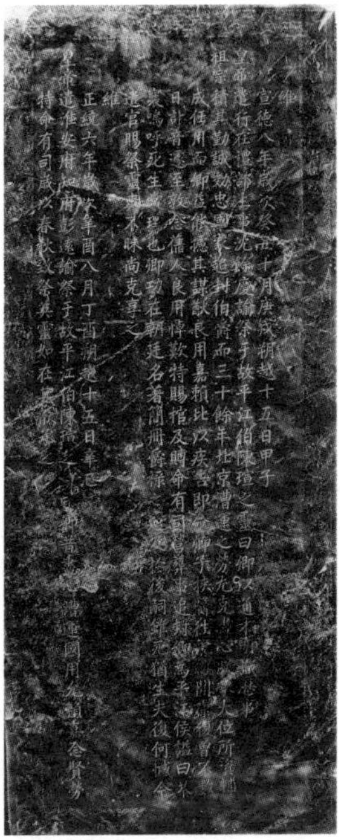

明宣宗谕祭平江伯陈瑄碑(《大运河碑刻集(江苏)》)

陈瑄去世后，士大夫听到消息，无论内臣还是外臣，认识的还是不认识的，交往过的还是没交往过的，都为他作诗悼念。当朝大学士杨士奇、杨荣、金幼孜和后来的大学士陈循都为之赋诗作文，以志纪念。加上宣宗也给予陈瑄以莫大的尊荣，现藏于江苏淮安的一方谕祭碑就充分地说明了这一点。该碑高三点一米，宽一点二米，厚零点三一米。碑文十二行，楷书二百三十一字。全文略云：

维宣德八年岁次癸丑十月庚戌朔，越十五日甲子，皇帝遣行在礼部主事沈余庆谕祭故平江伯陈瑄之灵，曰：“卿以通才明识，历事祖宗。积其勤诚，超封伯爵。而三十余年北京漕运之劳，尤克尽心。朕承大位，所资□成任用，而卿能虑其谋献嘉赖。比以疾告，即命卿子挟医往视。继闻康复，曾不日讣音遽至。敦念旧人良用悼欢，特赐棺，及赙命有司营葬事。进封卿为平江侯，谥曰恭襄。呜呼！死生常理也。卿功在朝廷，名著简册，爵禄之延及于后世，虽死犹生，夫复何憾！今遣官赐祭，灵爽不昧，尚克享之。”

明孝宗谕祭平江恭襄侯陈瑄碑(《大运河碑刻集(江苏)》)

“通才明识，历事祖宗”说的是陈瑄以长江舟师迎接燕王朱棣，襄助成祖取得靖难之役大功。宣宗念念不忘的，是陈瑄“积其勤诚”，“三十余年北京漕运之劳，尤克尽心”，为宣宗入继大统“谋献嘉赖”。陈瑄生封伯，死封侯，有司营葬，子孙以功臣后裔嗣爵，“功在朝廷，名著简册，爵禄之延及于后世”，真可谓“虽死犹生，夫复何憾”。以此论之，以“天下之望”来概括陈瑄生前死后的影响，是一点也不为过的。

护漕神祇

陈瑄病逝于宣德八年（1433）九月。八年后，朝廷在清江浦、临清、徐州等地为之设恭襄侯祠，春秋祭祀。不在人世的平江伯逐渐被世人神化，成为国家祭祀体系中的护漕神祇。

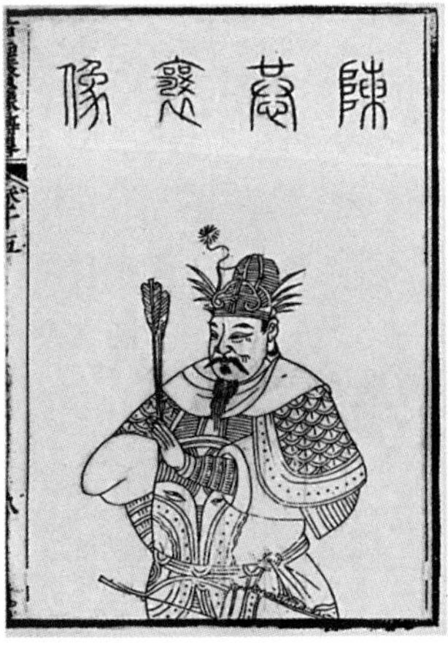

陈瑄

淮安地位的提高与陈瑄密不可分。当地民众感其德，于清江浦建祠祭祀。陈氏开清江浦一事，赞誉尤多，陈瑄祠堂中有记云：“（陈）公开沙河以通运道，其他疏凿以便稼穑者不可以数计。其词曰：‘麦荷结实兮杭稻肥，湖田水足兮民用有余。义田垂杨千里兮隄路平，漕舟逶迤兮商旅经行。’惠济大矣。”

正德年间，陈瑄是漕运系统的偶像，开凿会通河的功臣宋礼是河道系统的神主，其时，河道官员方受天宠，陈瑄隐约有被宋礼压上一头的迹象。当时的总漕邵宝提出陈瑄和宋礼功劳相若，祠祀宋礼与慰灵陈瑄应同

小贴士：邵宝

邵宝（1460—1527），明代官员、著名学者，字国贤，号二泉，江苏无锡人。成化二十年（1484）进士，授许州知州，历任户部员外郎、江西提学副使、浙江右布政使、湖广布政使等，曾修白鹿书院学舍以处学者，教生徒以致知力行为本，革除陋俗。正德四年（1509）任都察院右副都御史，总督漕运。因忤大太监刘瑾，被免职还乡。刘瑾败亡，起邵宝为贵州巡抚、户部侍郎，又命兼左佥都御史，处置粮运。去世后赠太子太保，谥文庄。邵宝为身守正，不交权势，为李东阳门人，一生好学，博综群籍，学者称二泉先生，著有《容春堂集》《慧山记》《漕政举要录》等。

时举行，不可偏废，以鼓舞漕运官员士气。其作《总督漕运宪臣题名记》云："惟我文皇帝肇建两都，始以平江伯陈公瑄、工部尚书宋公礼等建白，浚兹漕渠。"两人题名虽有先后，似未分功劳大小。有关两人祠祀，邵宝写道："淮安清江浦故有瑄祠，秩诸祀典。而礼独湮没无闻，识者恨之。今工部建议，礼部覆奏，幸蒙圣明，肇举祠祀。昔之恨者，莫不称快。但今山东地方灾盗相仍，所司未能修举，盖犹缺典也。且瑄之后平江伯熊，近以无辜削爵、从戎，至追及其诰券。今虽公道昭明，悉复其旧。瑄如有知，震惧之余，虽有祠祀，未遑休享。乞敕礼部申行山东所司，伺兵事少暇，将宋礼祠堂依拟修举。仍专驰介使少赍香帛，亲诣瑄祠，以慰其灵，亦鼓舞漕士之一端也。"

邵宝借为宋礼祠祀之机，道出陈瑄后人陈熊所受的冤屈。倘若陈瑄地下有知，"虽有祠祀，未遑休享"。为今之计，宋礼祠堂可待山东兵事稍息后修举，而陈氏震惧之心须立即派使抚慰，不如此，不足以鼓励漕运官员。邵宝文笔的高明之处在于委婉地表达出，陈、宋二人功虽相若，但陈瑄乃国家元勋、漕运官员心之所系，因而其赏祭还得有先后。由此可见，陈瑄在漕运官员系统中的地位没有动摇。

正德间工部管河郎中杨昶曾担任过南直隶凤阳府知府，写过一篇《恭襄侯记》，文中有这么一段记载：“昶尝求公之为人，盖好善而多略，知人而善用者也。开府之日，凡吴、楚、江、浙、荆、舒、淮、扬自万户以至齐民，凡有才足以干事，智足以烛微，言足以说理，学足以博物者，无不以礼罗而置之幕下。每一政一事必谋于众，忘己从人，择其善者而行之。自昔漕河由山阳艮隅入淮，六十余里始入清口，其流直且骏，蹙然风涛，人舟覆溺。自徐入汴，溯黄河转于清源，既险且远，百倍于淮。公博询于人，山阳城下则凿地通河，过淮阴故城横渡清口，不一里而得安流。自徐而郓，得前代漕运故道。自郓至清源，又凿地为河，顺流而北至于卫水，人免黄河之险。又经海道于辽东，不绝粮饷，其功有足称者。”这是称赞陈瑄的才能和功绩。

又说：“正统间，海水滚泥，沙汇清口，而东为洲十余里，运河淤塞，舟楫不通。有司闻于上，征数郡人民昼夜疏凿，民劳而功无成，祷于公。一夕，人有见公乘白马拥从数十人行水上，明日视之，洲为水冲去。其灵爽虽殁，而犹不忘护国庇民也如此！有司上其事，命立祠清江浦，春秋祀少牢。”此处的陈瑄已经化为神祇，除去水患，护佑漕船安全，安享国家祭祀的香火了。

黄河奔泻而下，汪洋千里；淮河声势浩大，浩渺无际。黄淮地区的人民因水患造成的剧烈伤痛，在古代相当长的一段时期一直难以泯灭。当人类还不能掌握在自然力面前的自身命运时，对自然的膜拜就成为必然选择。河神崇拜的产生也是如此道理。明代在治河过程中，为了祈祷或答谢河神的佑助，大多要举行祭祀活动。这种祭祀行为往往是和黄河、淮河决溢的持续时间

明宣宗、明孝宗嘉奖陈瑄的谕祭碑（现藏于淮安陈潘二公祠）

小贴士：运河水神

因河工和漕运而产生的宗教信仰。繁忙的漕运和频繁的河工对沿线区域民间信仰导致了水神信仰的盛行。水神信仰不但种类众多,而且分布地域广泛,祭祀各种水神的庙宇和祠堂遍布运河沿线的城镇和乡村。在众多的水神中,最有代表性的莫过于金龙四大王和天妃（妈祖）。运河水神除了各路传说中的神仙外，还有水利人格神，即那些历史上原本是人,但因治水或理漕有功,官方或民间通过敕加封号、修建祠庙、颁发匾额、定期祭祀等方式将其由人升格为神的人格化神灵。其中祭祀治水名人和名臣的水利人格神信仰极为盛行，如明代的陈瑄、潘季驯，清代的靳辅、黎世序等。随着晚清时期运河的淤塞和漕运的废止,水神信仰逐渐没落消亡。

以及某项具体治河工程的施工难度联系在一起的。也就是说，出于对河患的深度恐惧和治河技术的限制，河水表现出强大威力。这两者间的反差愈大，人们乞灵于河神的活动也就愈为突出。因此，这种和治河紧密联系的河神信仰，带有民间信仰普遍具有的强烈的功利性，和长期形成的例行的或者说纯粹礼仪性的河渎神祭祀显然有别。为了区别两者，我们称与治河相伴而生的河神信仰为“治河神”信仰。

明代最初只是把河神当作专司河道的神祇进行一般性祭祀，如永乐九年（1411）三月，开封一带河决，朝廷决定开挖新河。为确保工程顺利，施工前遣定国公徐景昌用太牢祭祀河神。此时的河神祭祀，给人的感受是和民间从事较大活动前所做的祈祷活动无有太大区别。宣德、正统之际，河南、山西巡抚于谦的做法同样能够说明这个问题，在他的文集中存有两篇祭河神文。据此不难推想，处在普遍信奉神灵的时代，在黄河泛滥之时，除了积极应对，借助冥冥之力唤起百姓响应的做法是很常见的。此时，其祭祀河神的称谓也很朴素，径称之为“河神”。

河南大学教授牛建强认为，景泰以后，河神祭祀发生了较大变化，具体表现在给河神的加封和建祠上。早在唐、宋、元时，便给予河神不同封号，而且不断升级。如唐天宝六年（747）正月初八日，玄宗在五岳既封王位的基础上将四渎升以公位，河渎被封为“灵源公”。康定元年（1040），宋仁宗将四渎由公升格为王，河渎被封为显圣灵源王。元至正十一年（1351）

四月初七日，顺帝下诏加封河渎神为“灵源神佑弘济王”，并重建河渎神庙。洪武三年（1370）六月初三日，明太祖对国家祀典做了规范，包括岳、镇、海、渎诸神的称谓，他在诏书中说：“永惟为治之道，必本于礼。考诸祀典，知五岳、五镇、四海、四渎之封起自唐世，崇名美号历代有加。”在他看来，这种做法是有问题的：“夫岳、镇、海、渎，皆高山广水，自天地开辟以至于今，英灵之气萃而为神，必皆受命于上帝，幽微莫测，岂国家封号之所可加？渎礼不经，莫此为甚。”故命令“依古定制”，取消前代给岳、镇、海、渎所封各种名号，“止以山水本名称其神”。这样，作为传统河神祭祀的西渎便改称“西渎大河之神”。景泰间加封河神为“河伯之神”，而不像唐、宋那样加封公、王之号，这在事实上已背离了明太祖神灵至上、不应加封的祖训，在某种程度上已突破了祖制。此时之所以敢于采取这种稍微大胆的折

淮安陈潘二公祠

中做法，恐是出于对神灵的新的认识和理解，即可能认为加封能够取悦于神而使神灵更加主动地发挥作用。也就是说，在人们处于无奈之时，极易在心灵深处泛起这种宗教情思。从景泰二年（1451）首次给河神加封，到景泰三年六月工部尚书石璞奏请在黑洋山和沙湾为河神建祠，再到景泰六年六月左佥都御史徐有贞在沙湾奉敕建感应祠，皆表明官方在治河河神信仰上不断迈出新的步骤。

明孝宗年间，河神祭祀经历了从一般建庙到赐额建庙的变化，表明官方河神祭祀又行升格，开启了明清时期国家河神祭祀中皇帝赐额建庙的先河，明后期和清雍正、乾隆时期对河神的赐额建庙（观）都可在此找到源头。此后，河道总理莅任或实施河工之时，皆伴有祭祀河神的活动，成为治河中一种特殊的文化景观。天启年间，总漕苏茂相请求加封河神，后被加封为“护国济运龙王通济元帅”。此时已近明亡，边疆危机，农民军渐兴，地方动荡，运河沿岸不稳定因素增加，漕粮运输紧迫艰难，而国家财政捉襟见肘，在治河和治运上不可能有太多的投入，在这种情势下，某些偶发因素的作用更容易被视为河神庇佑的结果。这是明廷给河神的第二次

潘季驯巡河图

加封，清楚地显示出河神人格化的特点。这虽不能代表整个明代河神信仰的形态特征，但却反映出河神信仰新的走向，即逐渐游离出明初祖制的困缚，远汲唐、宋河渎神的人格化资源，开启了治河河神人格化的进程。因而，明代河神祭祀表现为两个重要特征，一是具有鲜明的功利性，二是河神属于含有部分人格化因素的自然神形态。

明中期以后，陈瑄上升为护漕神祇，不容置疑地成为治河神的一员。对陈瑄及其他治河神的崇拜，不应视为人们放弃了治河是主观能动性，完全把希望寄予河神身上。事实上，潘季驯治河思想此时方得以确立，明朝包括取而代之的清朝一直将其视为河工之圭臬。在面临河患严重、漕运不通的危难之际，将河神抬出，可以获得某种心灵慰藉，缓解恐惧，增强治河信心，摆脱失望和无助的消极情绪，从而有助于河工的成功施行。同时，河神封号的演变和祠庙的修建，也反映出明代水患频仍的历史事实。

当然，纵观陈瑄的一生，也难免有些许缺憾。譬如陈瑄虽为武将出生，但对于书画也多有收藏，具有一定的文字修养，可惜陈瑄本人及其后人未将生平文字及理漕的经验得失编纂成书，以示后来者，这对后世的陈瑄研究是不利的。此外，陈瑄迎降燕王、开白塔河、交恶名臣夏原吉、密奏宣德时湖广某大藩意欲谋反的言行举止，也颇受争议。但历史对人物的审判从来都只看主流，陈瑄治理运河、整顿漕务的作为，功在当代，利在千秋。古人对有功于社稷和人民、有利于历史进步的伟大人物尚能激赏不已，时至今日，我们更不能忘记为中华民族每一次进步而负重前行的英雄。

参考文献

1.〔明〕陈子龙等：《明经世文编》，中华书局 1962 年版。

2.《明实录》，台北“中央研究院”历史语言研究所 1968 年版。

3.〔清〕张廷玉等：《明史》，中华书局 1974 年版。

4.〔明〕谈迁：《国榷》，中华书局 1985 年版。

5. 谢纯等：《漕运通志》，书目文献出版社 1988 年版。

6. 牟复礼、崔瑞德：《剑桥中国明代史》，中国社会科学出版社 1992 年版。

7.〔明〕李东阳等：《明会典》，上海古籍出版社 1995 年版。

8.〔明〕王琼：《漕河图志》，上海古籍出版社 1995 年版。

9. 姚汉源：《京杭运河史》，中国水利水电出版社 1998 年版。

10. 吴琦：《漕运与中国社会》，华中师范大学出版社 1999 年版。

11. 安作璋：《中国运河文化史》，山东教育出版社 2001 年版。

12.〔清〕顾炎武：《天下郡国利病书》，上海科学技术文献出版社 2002 年版。

13. 黄仁宇：《明代的漕运》，新星出版社 2005 年版。

14. 陈文娟：《明代首任漕运总兵官陈瑄的研究》，聊城大学 2010 届硕士论文。

15. 吴士勇：《明代总漕研究》，科学出版社 2017 年版。